全国交通运输行业干部培训系列教材

道路运输企业安全生产管理

姜明虎　常连玉　**主　编**
　　　　王玉华　**副主编**

人民交通出版社股份有限公司

北　京

内 容 提 要

本书为全国交通运输行业干部培训系列教材,根据我国安全生产管理最新政策、法规、标准的有关要求,结合道路运输企业安全生产管理实际,系统阐述了道路运输企业安全生产管理基础,道路运输企业安全生产风险管理与隐患治理、事故应急管理与调查处理,重点介绍了危险货物道路运输、道路旅客运输、汽车客运站等类型企业的安全生产管理要点,并对近年发生的几起重特大道路事故典型案例进行解析,总结了事故责任单位存在的安全生产管理问题及经验教训。

本书主要供道路运输企业安全生产管理人员学习使用,也可供道路运输行业管理人员学习参考。

图书在版编目(CIP)数据

道路运输企业安全生产管理/姜明虎,常连玉主编. —北京:人民交通出版社股份有限公司,2020.8(2025.7重印)
ISBN 978-7-114-16728-7

Ⅰ.①道… Ⅱ.①姜… ②常… Ⅲ.①公路运输企业—安全生产—生产管理 Ⅳ.①U492.8

中国版本图书馆 CIP 数据核字(2020)第 131152 号

书　　名：	道路运输企业安全生产管理
著 作 者：	姜明虎　常连玉
责任编辑：	张一梅
责任校对：	孙国靖　宋佳时
责任印制：	张　凯
出版发行：	人民交通出版社股份有限公司
地　　址：	(100011)北京市朝阳区安定门外外馆斜街3号
网　　址：	http://www.ccpcl.com.cn
销售电话：	(010)85285911
总 经 销：	人民交通出版社股份有限公司发行部
经　　销：	各地新华书店
印　　刷：	北京科印技术咨询服务有限公司数码印刷分部
开　　本：	787×1092　1/16
印　　张：	8.5
字　　数：	186 千
版　　次：	2020年8月　第1版
印　　次：	2025年7月　第3次印刷
书　　号：	ISBN 978-7-114-16728-7
定　　价：	22.00元

(有印刷、装订质量问题的图书由本公司负责调换)

本书编写组

主　编：姜明虎　常连玉

副主编：王玉华

组　员：单丽辉　邓一凡　黄少波　穆尚仓

　　　　丁　宇　成华军　马世钏　肖远飞

　　　　陈　磊　李　杰　于瑶瑶

前言

道路运输行业是安全生产事故多发的重点行业之一。道路运输企业必须坚持以人民为中心的发展立场，弘扬生命至上的发展思想，树牢安全发展理念，坚守安全生产这根红线底线，从根本上消除事故隐患，坚决有效遏制重特大事故发生。

国务院安全生产委员会2020年4月1日颁布的《全国安全生产专项整治三年行动计划》中明确要求：企业要提高安全管理能力，落实企业安全生产主体责任，建立完善隐患排查治理体系，规范分级分类排查治理标准，定期开展安全风险评估和危害辨识，加强企业安全管理制度建设，完善和落实企业安全生产诚信、承诺公告、举报奖励和教育培训等制度，对存在重大安全隐患或者发生安全生产责任事故的运输企业实施挂牌督办，对严重失信行为的单位和个人实施联合惩戒。

为深入推进道路运输企业安全生产规范化建设，强化道路运输企业安全生产主体责任，建立健全安全生产责任制和安全生产管理制度，建立健全隐患排查治理与风险防控制度，开展风险评估和危害辨识，加强营运车辆和驾驶员动态监管，全面提升道路运输企业安全生产管理水平，我们特别编写了这本教材。

本教材以落实安全生产工作责任、夯实安全生产基础，突出重点环节领域，着力防范化解重大风险、排查治理重大隐患为目标。姜明虎负责教材编写统筹协调工作，常连玉负责教材架构设计工作，王玉华负责教材统稿工作，刘浩学、彭建华负责教材审查工作。本教材分为6章，第1章由单丽辉、马世钏编写，第2章由黄少波、穆尚仑编写，第3章、第4章由常连玉、成华军编写，第5章由邓一凡、常连玉、马世钏编写，第6章由丁宇、邓一凡编写。

本教材各章节所引用的法律法规、政策文件、标准规范均为最新版本（截至2020年6月1日），具体名称、版本及文号见附录。

由于编写水平有限，存在不足之处，敬请批评指正。

本书编写组
2020年6月

目录 CONTENTS

第1章 概论 1
  第1节 安全生产概念和基本理论 1
  第2节 道路运输安全生产概念和特点 3
  第3节 我国道路运输安全生产形势概况 5

第2章 道路运输企业安全生产管理基础 8
  第1节 安全生产目标管理 8
  第2节 安全生产管理机构和人员 10
  第3节 安全生产责任体系 16
  第4节 安全生产管理制度 20
  第5节 安全生产费用管理 24
  第6节 安全生产教育培训 26

第3章 道路运输企业安全生产风险管理与隐患治理 29
  第1节 安全生产风险管理 29
  第2节 安全生产隐患治理 37

第4章 道路运输企业事故应急管理与调查处理 49
  第1节 事故应急管理 49
  第2节 事故调查处理 53

第5章 重点道路运输企业安全生产管理 59
  第1节 危险货物道路运输企业安全生产管理 59
  第2节 道路旅客运输企业安全生产管理 89
  第3节 汽车客运站安全生产管理 100

第6章 典型重特大道路交通事故案例分析 108
  第1节 湖南郴州宜凤高速公路"6·26"特别重大道路交通事故 108
  第2节 陕西安康京昆高速公路"8·10"特别重大道路交通事故 112
  第3节 晋济高速公路山西晋城段岩后隧道"3·1"特别重大道路交通
       危化品燃爆事故 118
  第4节 荣乌高速公路烟台莱州段"1·16"重大道路交通事故 121

附录 ··· 124
  附录 A　安全生产法律法规 ··· 124
  附录 B　安全生产部门规章 ··· 125
  附录 C　安全生产政策文件 ··· 126
  附录 D　安全生产标准规范 ··· 126

第1章 概 论

第1节 安全生产概念和基本理论

安全生产是国家的一项长期基本国策,是保护劳动者安全、健康和国家财产,促进社会生产力发展的基本保证,也是保证社会经济发展,全面实现小康社会的基本条件。

一、安全生产的概念

《辞海》中将"安全生产"解释为:为预防生产过程中发生人身、设备事故,形成良好劳动环境和工作秩序而采取的一系列措施和活动。

《中国大百科全书》中将"安全生产"解释为:旨在保护劳动者在生产过程中安全的一项方针,也是企业管理必须遵循的一项原则,要求最大限度地减少劳动者的工伤和职业病,保障劳动者在生产过程中的生命安全和身体健康。

概括地说,安全生产是使劳动过程在符合安全要求的物质条件和工作秩序下进行的,防止人身伤亡、财产损失,消除或控制危险有害因素,保障劳动者的安全健康和设备设施、环境免受损害的相关活动。安全生产是安全与生产的统一,生产必须安全,则是因为安全是生产的前提条件,没有安全就无法生产。

二、安全生产的特点

安全生产的特点一般有如下几点:

(1)预防性。即要把安全生产工作做在事故发生之前,居安思危,尽早发现苗头,及时处理,以减少或消除损失。

(2)长期性。只要生产工作进行,就有不安全因素产生,生产不停,安全生产工作必须常抓不懈。

(3)科学性。要学习安全生产科学知识,科学把握安全生产规律,运用科学手段、工具预防、发现、避免、制止或处理安全生产问题。

(4)群众性。安全生产涉及广大群众的利益,所以必须发动和依靠群众去做工作。

三、安全生产的基本理论

1)海因里希事故因果连锁理论

1931年,美国的海因里希在《工业事故预防》一书中,阐述了事故发生的因果连锁理论,后人称其为海因里希因果连锁理论。该理论阐明了导致伤亡事故的各种因素之间以及这些因素与事故、伤害之间的关系,其核心思想是:伤亡事故的发生不是一个孤立的事件,而是一系列原因事件相继发生的结果,即伤害与各原因相互之间具有连锁关系。海因里希提出的事故因果连锁过程包括如下5种因素:第一,遗传及社会环境。遗传因素及社会环境是造成人的缺点的原因。遗传因素可能使人具有鲁莽、固执、粗心等对于安全来说属于不良的性格,社会环境可能妨碍人的安全素质培养,助长不良性格的发展。这种因素是因果链上最基本的因素。第二,人的缺点。即由于遗传因素和社会环境因素所造成的人的缺点。人的缺点使人产生不安全行为或造成物的不安全状态的原因。这些缺点既包括诸如鲁莽、固执、过激、神经质、轻率等性格上的先天缺陷,也包括诸如缺乏安全生产知识和技能等的后天不足。第三,人的不安全行为或物的不安全状态。所谓人的不安全行为或物的不安全状态,是指那些曾经引起过事故,或可能引起事故的人的行为,或机械、物质的状态,它们是造成事故的直接原因。海因里希认为,人的不安全行为是由于人的缺点而产生的,是造成事故的主要原因。第四,事故。事故是由于物体、物质、人或放射线等的作用或反作用,使人员受到或可能受到伤害的、出乎意料的、失去控制的事件。第五,损害或伤亡。即直接由事故产生的财物损坏或人身伤亡。

上述事故因果连锁关系,可用5块多米诺骨牌对该过程形象地加以描述:如果第一块骨牌倒下(即第一个原因出现),则发生连锁反应,后面的骨牌相继被碰到(相继发生),最后一块骨牌即为伤亡,如图1-1所示。因此,海因里希连锁理论又被称为多米诺骨牌理论。海因里希事故因果连锁理论明显的不足是对事故致因连锁关系的描述过于绝对化、简单化。事实上,各因素之间的连锁关系是复杂的、随机的,前面的牌倒下,后面的牌可能倒下,也可能不倒下;事故并不总是造成人身伤害,还有物的损失;不安全行为或不安全状态也并不是必然造成事故。

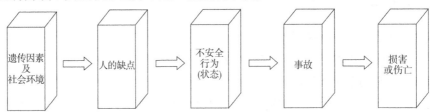

图 1-1 海因里希事故因果连锁理论

2)能量意外释放理论

能量意外释放理论于1961年由美国的吉布森(Gibson)提出,1966年由美国的哈登(Haddon)进行了完善。其基本观点是:不期望或异常的能量转移是伤亡事故的致因。即人受伤害的原因只能是某种能量向人体的转移,而事故则是一种能量的不正常或不期望释放。能量是否造成人员伤害,除了与能量的大小、种类有关外,还与人体接触能量的时间、频率、部位以及能量集中度有关。用能量意外释放理论分析事故致因的方法,首先要确认某个系统内的所有能量源,然后确定可能遭受该能量伤害的人员以及伤害的严重程度,进而确定控制该类能量异常或意外转移的方法。

能量意外释放理论与其他事故致因理论相比,具有两个主要优点:一是把各种能量对人体的伤害归结为伤亡事故的直接原因,从而决定了以对能量源及能量输送装置加以控制作为防止或减少伤害发生的最佳手段这一原则;二是依照该理论建立的对伤亡事故的统计分类,是一种可以全面概括、阐明伤亡事故类型和性质的统计分类方法。

3) 系统安全理论

所谓系统安全,是在系统寿命期间内应用系统安全工程和管理方法,辨识系统中的危险源,并采取控制措施使其危险性最小,从而使系统在规定的性能、时间和成本范围内达到最佳的安全程度。系统安全的基本原则是在一个新系统的构思阶段就必须考虑其安全性的问题,制定并执行安全工作规划(系统安全活动),属于事前分析和预先防护,与传统的事后分析并积累事故经验的思路截然不同。系统安全理论是在系统寿命周期内应用系统安全管理及系统安全工程原理,识别危险源并使其危险性减至最小,使系统在规定的性能、时间和成本范围内达到最佳的安全程度的理论。系统安全理论强调没有绝对的安全,任何事物中都潜伏着危险因素不可能根除危险源,但可以通过采取有效安全措施减少现有危险源的危险性,从而达到控制事故发生或消减事故后果的目的。依据系统安全理论,安全工作的目标具体体现在两方面:一是如何采取有效安全措施控制危险源,努力将危险源发生事故的概率降到最低;二是如何采取有效安全措施消减危险后果,一旦事故发生,将事故损失或后果控制在较轻程度上。

第2节 道路运输安全生产概念和特点

一、道路运输安全生产的含义

道路运输是指以道路为运行基础,以车辆为承载工具,实现旅客和货物位移的生产经营活动。道路运输以其运载对象的不同,可以分为旅客运输和货物运输。近年来我国客、货运周转量,货物运输里程,营运车辆数量都呈现不断上升的态势,道路运输安全问题越来越受到社会的关注。

道路运输安全生产,是指道路运输企业按照国家相关政策法规和制度规范,在道路运输中使生产过程在符合安全要求的物质条件和工作秩序下进行,防止人身伤亡和财产损失等生产事故,消除或控制危险有害因素,保障劳动者的安全和设备设施免受损坏、环境免受破坏的生产活动。

二、道路运输安全生产的特点

道路运输安全生产的特点主要有以下3个方面:

一是道路运输生产工作承担"人"和"物"的位移,开放性、流动性是其自然属性;安全生产涉及的"点多、线长、面广、人员分散",生产工具与劳动者之间具有无序、高频流动性,危险危害因素存在着不确定性,给安全生产工作带来极大难度,导致事故高发,从全国较大以上安全生产事故占比看,道路运输行业占比历年来均居首位。

二是道路运输从业人员在生产经营活动中存在着物理性、生理性、行为性和其他的危险危害因素,由于生产环境变化多、范围广、流动性大,生产活动具有动态性、高速运行和机动性的特点,安全生产活动受从业人员尤其是驾驶员身心素质影响较大。

三是道路运输企业是从事道路运输活动的生产经营单位,企业数量众多、分散经营且以私有制、民营企业居多,企业和从业人员准入门槛低的特点给安全监管带来了很大困难,道路运输的安全生产难以得到有效保障。

三、影响道路运输安全生产的主要因素

1)驾驶员生理心理特征

道路运输开放性特点以及运输生产采取的单独驾驶作业方式,决定了驾驶员是影响道路交通安全的重要因素。有研究表明,我国交通事故属于身体素质方面的原因占驾驶员原因的10%左右,视觉机能是影响驾驶员最重要的感觉功能,驾驶员在行车过程中有80%以上的信息都是通过视觉获得的,驾驶员具有良好的视觉才能保障行车安全。驾驶员的心理素质与驾驶安全息息相关,心理素质包括反应、性格、情绪和注意力4个方面,在道路交通事故中,因心理素质方面的原因造成的交通事故约占驾驶员原因的60%。

2)道路交通安全设施

道路交通安全设施是指道路上起辅助警示通行作用的设施,可分为交通监控设施、交通信号类设施、交通隔离设施、交通防眩设施等,主要包括护栏、交通标识、标注线、天桥、照明和防眩设备等。交通安全设施是保证人们出行安全的必要基础设施,交通安全设施的建设,不仅可以有效地降低事故发生的概率,还能有效避免二次事故的发生,保障道路运输安全。

道路交通安全设施设置如不符合规范和设计要求,质量不合格,性能不可靠都会形成安全风险,对安全生产产生不利影响。道路交通安全设施设置应遵循的原则有:一是统一标准,易于辨识;二是全线设置,信息完整;三是科学设计,合理布置;四是性能优越,安全可靠。

3)恶劣天气

(1)大风。车辆在道路上由于受到风的影响,常会产生摆动现象,尤其遇到大风时,车辆所受到风力影响车身受力不均匀,再加上车辆缝隙受气流影响,车速达到一定程度将会发生摆动。此外,货车和客车的偏移距离更大,而一旦风向和车辆行驶同向时,车辆制动距离会有所增长;当大风情况下转弯时,车辆的转弯半径会发生相应变化,给驾驶员的驾驶增加难度和风险。

(2)冰、雨雪。当出现路面结冰、雨雪天气时,公路路面的附着系数降低,车辆容易打滑而导致制动失灵,进而导致交通事故的发生。另一方面,当驾驶员面对雨雪天

气时,除了受到雨雪造成的路面因素影响外,驾驶员还受到能见度影响和个人心理压力影响,当驾驶员遇到风雨雪天气,能见度降低,道路交通标志辨认难度大,再加上驾驶员心理压力作用,制动次数频繁,这些均容易导致交通事故的发生。

(3)大雾。大雾天气引起交通问题的根源在于能见度,能见度的降低,直接造成驾驶员可视距离变短。大雾天气下,由于能见度低于平常,驾驶员对车距判断难度增大,当驾驶员发现潜在危险时,已经来不及采取有效防范措施,从而导致交通事故较容易发生。

第3节 我国道路运输安全生产形势概况

一、我国道路运输安全生产的现状

我国交通运输点多、线长、面广。交通运输参与主体更趋多元化、复杂化,小散弱经营业务众多,安全生产水平参差不齐,安全风险防控难度大,事故规模总体处于高位,占全国安全生产事故总量比例明显高于其他行业。具体表现在事故总死亡人数居高不下,特别是重特大事故占比明显高于其他行业。从全国安全生产的统计情况看,交通运输行业安全生产事故总量大、死亡人数比例高的局面尚未得到根本扭转。安全生产是交通强国建设的短板,道路运输安全的重要性显得尤为突出。近年来,铁路、公路、水路和航空四种运输方式的重特大事故对比可以发现,道路运输重特大事故起数和死亡人数最多。2019年国民经济和社会发展统计公报统计数据显示,道路交通事故万车死亡人数1.80人,下降6.7%,尽管死亡总数比2018年有所下降,但还应引起足够警醒。

目前,我国道路运输行业的安全生产还存在着以下一些突出问题:

(1)事故总量仍处高位。2013年以来,平均每年道路交通事故起数、死亡人数约占全国安全生产事故的60%,平均每天发生1起交通事故,死亡失踪3.4人;平均每年发生11.7起重特大事故,死亡失踪227.8人。

(2)安全治理能力有待提升。我国还处于社会主义初级阶段,交通运输安全基础设施还不够完善、安全生产水平总体还不高、监管体制机制和法规制度还不够健全、从业人员素质还不能满足要求,行业安全生产的治理能力和治理水平还不够高,道路运输安全生产保障任务更加繁重。

(3)安全生产压力持续增大。2019年全行业共有道路客运营运车辆77.67万辆,完成营业性客运量130.12亿人次;拥有载货汽车1087.82万辆,完成营业性货运量343.55亿t,交通运输体量大、风险高,安全生产工作任务繁重。

此外,我国运输市场转型升级加快,新的业态、新的运输方式不断涌现,安全生产压力有增无减。我国道路运输行业安全生产管理工作还存在着以下一些典型问题:

(1)主体责任不明。各级对事故责任的倒查,往往会有企业主体责任落实不到位这条"罪名",到底什么是主体责任?主体责任怎么落实?如何落实到位?这在一些企业都或多或少存在不了解、不掌握、不清楚的现象,企业对主体责任的认识缺乏系统的全面的学习和掌握,导致落实不够、执行不到、问题较多。

(2)重视程度不够。在发展形势严峻的现状下,有的企业将更多精力放在生产经营、转型发展上,这是企业生存的必然,对如何做好安全基础管理、保持安全生产稳定,为转型发展提供保障这一认识不够,对安全生产的资金投入、人员投入、精力投入减少,或对安全生产工作盲目自信,出现思想松懈、麻痹大意等现象。

(3)制度执行不严。企业的各类管理制度具体落实起来迁就经营稳定,对制度执行、标准把握相对宽松。由此造成从业人员违法行为得不到有效控制,特别是超速、超时间驾驶、驾车过程中接打手机、车上人员不系安全带等违法现象屡禁不止。

(4)基础管理不实。从各级检查反映看,有部分企业对基础管理、现场管理不够重视,逢查必有疏漏。记录不全,真正有实质内容的不多,走过场等现象客观存在,以致层层出现不同程度的执行走样,执行偏差,或敷衍应付。

(5)教育培训不透。有的企业为了保障生产经营,加快新进驾驶员岗前培训的时间进度,存在边实践、边学习的现状,导致部分驾驶员安全意识不够牢固、安全知识不够全面、安全驾驶技能不够过硬,事故发生时缺乏有效应变、规范处理的能力。

(6)隐患排查不细。部分企业政治意识、紧迫意识、危机意识不够,对涉及安全生产的检查不重视、不规范、不彻底,检查流于形式,未真正做到"全覆盖、无盲区",未真正树立"隐患即事故"的理念,未真正将排查工作做在前面、隐患治理在前面、防范措施落实在前面,以致出现同类隐患重复发生。

(7)应急处置不力。企业对应急管理工作的重要性认识不深,重视不够;对事故事件善后处置流程、职责分工、处理方法等不明,对各类预案主动学习、全面掌握、演练不够,基层一线对应急管理了解不全面,缺乏应急自救知识和技能。

二、我国道路运输安全生产面临的风险与挑战

党的十八大以来,交通运输系统深入贯彻落实党中央、国务院的决策部署,高度重视安全生产工作,把安全生产摆在全局工作的重中之重,将平安交通作为交通运输事业发展的基础和前提。然而,目前我国交通运输安全生产压力和挑战依然巨大,仍存在重大风险和安全隐患,对交通运输安全生产工作提出了更高的要求。我国道路运输行业安全生产工作存在着不容忽视的风险。

(1)行业风险。随着其他行业事故的逐年降低,道路运输行业重特大事故呈现多发、频发、高发态势。由于道路运输行业点多、面广、线长,基于非定性的生产模式,人、车、路、环境、气候、管理各种因素千变万化,威胁和风险随处可见,事故偶发频发随时存在。

(2)政策风险。《道路旅客运输企业安全管理规范》《地方党政领导干部安全生产

责任制规定》及各安全管理等文件的出台,势必对企业安全管理要求会越来越高,追责越来越严,要不断强化企业管理能力,创新管理方式。同时,企业安全管理队伍稳定日益重要,培养打造一支肯管、敢管、善管的安全管理队伍任重道远。

(3)改革风险。面对当前严峻的宏观经济以及行业下行的态势,企业正处于关键的改革节点,如何保持生存发展,势必对企业安全投入、动态监管、人员使用和安全管理提出新要求和挑战。

(4)人员风险。随着行业萎缩,效益滑坡,企业管理粗放,部分优秀从业人员流失严重,新兴板块从业人员来源匮乏,招聘难长期困扰企业,安全管理新生力量培养不足,在严格实施安全责任追究背景下,部分人员出现畏难、消极状态,有的甚至出现出工不出力现象。

与此同时,我国道路运输行业安全生产工作也面临着以下一些新的挑战:

(1)经济增速放缓、企业效益下滑带来的挑战。2012年道路客运量开始出现下滑,近两年下降幅度更大,2017年道路客运量为145.9亿人次,同比下降5.4%;2018年道路客运量为136.72亿人次,同比下降6.2%。道路客运企业效益严重下滑,导致安全投入杯水车薪,驾驶员收入偏低,给道路客运安全生产带来了巨大隐忧。

(2)"放管服"改革带来的挑战。2016年开始,我国全面推进"放管服"改革,出台了一系列政策措施,为转变政府职能、推进简政放权、提高效率效能、建设人民满意政府指明了正确方向。交通运输部深入贯彻党中央、国务院的决策部署,在行业"放管服"工作取得很大成效的同时,也暴露出"放"积极、到位,"管"失职、失察,"服"缺失、缺位等问题。简政放权一放了之、放而不管、放管脱节等问题,在一部分地区和重点领域比较突出,交通运输安全生产事故中事后监管面临诸多现实考验。

(3)交通运输新业态迅猛发展带来的挑战。随着移动通信和互联网技术加快普及和飞速发展,传统交通运输与互联网相结合的行业新业态蓬勃发展。网约车、共享单车等交通运输新业态模式蓬勃发展,"从门到门""一单承接,一条龙服务"等成为交通运输服务"标配"。在新业态发展的过程中,秩序失控,管理缺失,带来了很多安全生产隐患和漏洞,如何实施有效安全监管成为迫切需要解决的重要课题。

第2章 道路运输企业安全生产管理基础

第1节 安全生产目标管理

道路运输企业安全生产目标管理是指企业生产管理中通过分析外部环境和内部条件,确定企业安全生产所要达到的目标,并采取措施去努力实现目标的活动过程。

一、安全生产目标的制定原则

根据道路运输企业安全生产标准化建设的有关要求,安全生产目标的制定一般遵循如下原则:

(1)重点突出原则。安全生产目标要与安全生产方针相匹配,突出重点,分清主次。

(2)先进性原则。即目标具有适用性、挑战性,即制定的目标一般略高于实施者的能力和水平,使之经过努力可以完成,又不能过低而不费力就轻易达成。

(3)量化原则。安全生产目标要尽可能量化,便于测量和考核。

(4)综合性原则。目标既有综合性又有实现的可能性。企业制定的安全生产目标,既要能保证上级下达指标的完成,又要考虑企业各部门及每个职工的承担任务能力。目标的高低要有针对性和实现的可能性,以利于各部门及每个职工都能接受,努力完成。

(5)统一性原则。坚持安全生产目标与保证目标实现的措施统一性。为使目标管理具有科学性、针对性、有效性,在制定目标时必须保证目标实现的措施,使措施为目标服务,以利目标的实现。

二、安全生产目标的构成和分类

道路运输企业应根据相关政策法规、管理部门要求和自身实际情况,制定企业安全生产的总体目标及年度、季度、月度目标等。同时,按照管理层级、阶段性等将安全生产目标分解至职能部门、车队、驾驶员等,形成目标管理体系,便于考核管理。

道路运输企业安全生产目标可以分为行车事故目标和管理职能目标两大类:

1. **行车事故目标**

行车事故目标包括如下指标:

(1)道路交通责任事故起数。道路交通责任事故起数指道路运输企业在目标责任期内,企业所有营运车辆发生负有过错责任(次要责任、同等责任、主要责任、全部责任)的道路交通事故起数。

(2)死亡人数。死亡人数指道路运输企业在目标责任期内,企业所有营运车辆发生的道路交通事故造成的自发生之日起7日内死亡的人数(因医疗事故死亡的除外,但必须得到医疗事故鉴定部门的确定)。

(3)受伤人数。受伤人数指道路运输企业在目标责任期内,企业所有营运车辆发生的道路交通事故造成的受伤人数,又可分为轻伤人数和重伤人数。

(4)百万车公里事故起数。百万车公里事故起数指道路运输企业在目标责任期内,企业所有营运车辆合计每行驶百万车公里发生的道路交通责任事故起数。

(5)百万车公里伤亡人数。百万车公里伤亡人数指道路运输企业在目标责任期内,企业所有营运车辆合计每行驶百万车公里发生道路交通责任事故导致的受伤和死亡的人数,可分为百万车公里轻伤人数、百万车公里重伤人数、百万车公里死亡人数3个指标。

2.管理职能目标

管理职能目标包括如下指标:

(1)隐患排查治理完成率。

(2)设备维护完好率。

(3)安全会议召开率。

(4)职工安全教育落实率。

(5)安全投入落实率。

(6)安全档案完善率等指标。

三、安全生产目标的考核管理

道路运输企业应当建立安全生产年度考核与奖惩制度,每年至少一次对安全生产目标及实施情况进行评价和考核。根据考核结果,对安全生产相关部门、岗位工作人员给予一定的奖惩,确保兑现到部门和人员。

(1)评价内容。评价内容主要包括两个方面:一是对各层次目标执行情况进行评价,从中发现管理的薄弱环节及问题,加强基层和基础管理;二是对目标结果进行评价,分析目标制定的合理性和目标管理方法的优劣等。

(2)目标考核。按照考核时间,目标考核可以分为季节性考核和年度性考核等阶段性考核。按照考核对象,目标考核又可以分为部门考核、班组(车队)考核、个人考核3个层次,道路运输企业应当根据部门、班组(车队)、个人完成的目标数量、质量和时限,确定考核结果。

(3)目标奖惩。要对照奖惩制度,结合考核结果,对部门、班组(车队)、个人分别实施奖惩。

第2节　安全生产管理机构和人员

《中华人民共和国安全生产法》(以下简称《安全生产法》)第二十一条规定,道路运输企业应当设置安全生产管理机构或者配备专职安全生产管理人员。安全生产管理机构是企业内部设立的专门负责安全生产管理事务的独立部门,是安全生产正常顺利进行的组织保障。安全生产管理人员是指在企业从事安全生产管理工作的专职或兼职人员。

一、安全生产管理机构的设置

根据《国务院办公厅关于加强安全生产监管执法的通知》《交通运输企业安全生产标准化建设基本规范　第1部分:总体要求》等有关文件规定,道路运输企业应建立安全生产委员会。安全生产委员会一般由企业主要负责人担任主任,主管安全生产的负责人担任副主任,运输经营、安全管理、车辆技术管理、从业人员管理、动态监控等业务部门的负责人及道路运输企业分支机构的主要负责人担任委员。

道路运输企业应设置与企业规模相适应的安全生产管理机构,具体指导、管理、监督、协调企业安全工作,安全生产管理机构一般同时履行安委会办公室的职责。应建立从安全生产委员会至基层班组的安全生产管理网络。企业下属的各个单位(分公司),应成立安全领导小组并设立安全生产管理机构,配备专职安全生产管理人员。各基层单位,要成立安全小组。

对于中小道路运输企业而言,一般设立三级安全生产管理机构。有分公司的大型道路运输企业则一般设立四级安全生产管理机构,分别如图2-1、图2-2所示。

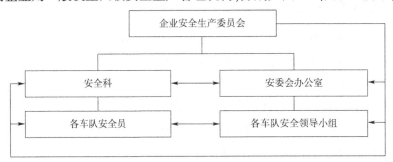

图2-1　三级安全生产管理机构结构图

二、安全生产管理人员的配备

根据《国务院办公厅关于加强安全生产监管执法的通知》《交通运输企业安全生产标准化建设基本规范　第1部分:总体要求》规定,道路运输企业应当按规定配备专(兼)职安全生产管理人员。

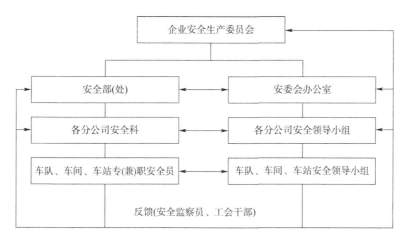

图 2-2 四级安全生产管理机构结构图

道路客运企业安全生产管理人员的配备,应遵循《道路旅客运输企业安全管理规范》的有关要求:

(1)拥有 20 辆(含)以上客运车辆的客运企业应当设置安全生产管理机构,配备专职安全生产管理人员,并提供必要的工作条件。拥有 20 辆以下客运车辆的客运企业应当配备专职安全生产管理人员,并提供必要的工作条件。

(2)专职安全生产管理人员配备数量原则上按照以下标准确定:对于 300 辆(含)以下客运车辆的,按照每 30 辆车 1 人的标准配备,最低不少于 1 人;对于 300 辆以上客运车辆的,按照每增加 100 辆客运车辆增加 1 人的标准配备。

其他道路运输企业的安全生产管理机构设置及安全生产管理人员配备,应按照《安全生产法》《道路危险货物运输管理规定》《汽车客运站安全生产规范》《交通运输企业安全生产标准化建设基本规范 第 7 部分:汽车客运站》等法规标准的有关要求执行。

三、安全生产管理机构及相关人员的安全职责

1. 安全生产委员会的安全职责

道路运输企业安全生产委员会的主要职责是:

(1)研究并制订安全生产工作计划,并推进年度安全生产工作计划的落实,督促相关部门完成安全工作计划目标和任务。

(2)组织贯彻落实安全生产法律法规和有关安全生产的决策部署。

(3)建立、健全安全生产责任制及相应的监督、考核机制,定期评价安全生产责任制落实情况。

(4)建立、健全安全生产管理机构,配备专兼职安全生产管理人员。

(5)组织制订安全生产资金投入计划和安全技术措施计划,部署并督促相关部门落实。

(6)组织制定或修订安全生产制度、安全操作规程,并对执行情况进行督查。

(7)检查本公司生产、作业的安全条件,生产安全事故隐患的排查及整改效果。

(8)按规定监督、检查劳动防护用品的采购、发放、使用和管理工作。

(9)研究、部署职业病预防措施。

(10)制订安全生产宣传教育培训计划,督促相关部门组织落实。组织相关部门总结推广安全生产先进经验。

(11)配合生产安全事故的调查和处理。

(12)每季度至少召开一次安全生产专题会议,协调解决安全生产问题,做好会议纪要。

(13)每次会议要跟踪上次会议工作要求的落实情况,并提出新的工作要求。

(14)负责部署、指导、监督、检查安全生产管理机构的工作。

(15)研究、制订安全生产大检查、专业检查和季节性检查工作方案,组织、部署相关部门实施。发现的安全隐患要及时制定措施,督促相关部门予以处理和解决。

(16)对重大事故及重大未遂事故组织调查与分析,按照"四不放过"原则从生产、技术、设备、管理等方面查找事故发生的原因、责任,并制订整改措施,对责任者作出处理决定。

2.道路运输企业主要负责人的安全职责

1)道路客运企业主要负责人的安全职责

根据《道路旅客运输企业安全管理规范》要求,道路客运企业主要负责人的安全职责如下:

(1)严格执行安全生产法律、法规、规章、规范和标准,组织落实相关管理部门的工作部署和要求。

(2)建立健全本单位安全生产责任制,组织制定本单位安全生产规章制度、客运驾驶员和车辆安全生产管理办法以及安全生产操作规程。

(3)依法建立适应安全生产工作需要的安全生产管理机构,确定符合条件的分管安全生产的负责人,配备专职安全生产管理人员。

(4)按规定足额提取安全生产专项资金,保证本单位安全生产投入的有效实施。

(5)组织建立、健全本单位事故隐患排查治理的长效机制,督促、检查本单位安全生产工作,及时消除生产安全隐患。

(6)组织制订并实施本单位安全生产教育和培训计划,组织开展本单位的安全生产教育培训工作。

(7)组织开展安全生产标准化体系创建与推行。

(8)组织建立、健全安全生产应急救援体系,组织制定并实施生产安全事故应急救援预案。

(9)主持召开本单位安全生产会议,定期组织分析本单位的安全生产形势,研究解决重大安全生产问题。

(10)负责权限内的本单位安全事故处理、上报和分析总结工作,对于权限外的本单位安全事故,及时上报并配合有关部门进行调查和处理。

(11)实行安全生产绩效管理,定期公布本单位安全生产情况,认真听取和积极采纳工会、职工关于安全生产的合理化建议和要求。

2)汽车客运站主要负责人的安全职责

根据《汽车客运站安全生产规范》要求,汽车客运站主要负责人的安全职责如下:

(1)严格执行安全生产的法律、行政法规、规章、政策和标准,组织落实管理部门的工作部署和要求。

(2)建立健全本单位安全生产责任制,组织制定本单位安全生产规章制度和操作规程。

(3)依法设置安全生产管理机构或者配备专职安全生产管理人员,确定分管安全生产的负责人。

(4)保证本单位安全生产投入的有效实施。

(5)督促、检查本单位安全生产工作,及时消除生产安全事故隐患。

(6)组织制订并实施本单位安全生产教育培训计划。

(7)组织制定并实施本单位的突发事件应急预案,开展应急演练。

(8)定期组织分析本单位安全生产形势,研究解决重大安全问题;及时采纳安全生产管理机构和安全生产管理人员提出的预防措施和改进建议,并及时组织落实和整改。

(9)及时、如实报告生产安全事故,落实生产安全事故处理的有关工作。

3)危险货物道路运输企业主要负责人的安全职责

根据《危险货物道路运输企业安全生产责任制编写要求》,危险货物道路运输企业主要负责人的安全职责至少包括:

(1)贯彻执行国家安全生产的法律、法规、规章、技术标准、政策规定等。

(2)建立、健全本单位安全生产责任制。

(3)组织制定本单位安全生产规章制度和操作规程。

(4)保证本单位安全生产投入的有效实施。

(5)督促、检查本单位的安全生产工作,及时消除生产安全事故隐患。

(6)组织制定并实施本单位的生产安全事故应急救援预案。

(7)及时、如实报告生产安全事故。

3. 企业安全生产管理机构及安全生产管理人员的安全职责

1)道路客运企业安全生产管理机构及安全生产管理人员的安全职责

根据《道路旅客运输企业安全管理规范》要求,道路客运企业安全生产管理机构及安全生产管理人员的安全职责如下：

（1）严格执行安全生产法律、法规、规章、规范和标准，参与企业安全生产决策，提出改进和加强安全生产管理的建议。

（2）组织或者参与制定本单位安全生产规章制度、客运驾驶员和车辆安全生产管理制度、动态监控管理制度、操作规程和相关技术规范，明确各部门、各岗位的安全生产职责，督促贯彻执行。

（3）组织制定本单位年度安全工作的目标和计划并分解到各部门、班组，定期组织实施考核工作。

（4）组织或参与制订本单位安全生产经费投入计划和安全技术措施计划，组织实施或监督相关部门实施。

（5）组织开展本单位的安全生产检查，对检查出的安全隐患及其他安全问题应当及时督促处理；情况严重的，应当依法停止生产活动。对相关管理部门抄告、通报的车辆和客运驾驶员交通违法行为，应当进行及时处理，制止和纠正违章指挥、冒险作业、违反操作规程的行为。

（6）组织开展本单位安全生产风险的辨识、评估与管控，督促风险管控措施。

（7）组织制订本单位应急演练计划，组建本单位应急救援队伍，配置应急救援物资，组织开展定期应急演练。

（8）组织或参与本单位安全生产宣传、教育和培训，加强事故案例警示教育，总结和推广安全生产工作的先进经验，如实记录安全生产教育和培训情况。

（9）发生生产安全事故时，按照有关规定，及时报告相关管理部门；组织或者参与本单位生产安全事故的调查处理，承担生产安全事故统计和分析工作。

（10）制止和纠正违章指挥、强令冒险作业、违反操作规程的行为。

（11）其他安全生产管理工作。

2）汽车客运站安全生产管理机构及安全生产管理人员的安全职责

根据《汽车客运站安全生产规范》要求，汽车客运站安全生产管理机构及安全生产管理人员的安全职责如下：

（1）严格执行安全生产的法律、行政法规、规章、政策和标准，参与本单位安全生产决策。

（2）拟订本单位安全生产管理制度、操作规程和应急预案，明确各部门、各岗位的安全生产职责，督促贯彻执行。

（3）组织或者参与本单位安全生产宣传、教育和培训，并如实记录。

（4）拟订本单位安全生产投入计划，组织实施或者监督相关部门实施。

（5）组织或者参与本单位应急救援演练。

（6）检查本单位的安全生产状况，及时排查生产安全事故隐患，提出改进安全生产管理的建议。

（7）制止和纠正违章指挥、强令冒险作业、违反操作规程的行为。

(8)督促落实本单位安全生产整改措施。

(9)及时、如实向主要负责人报告本单位生产安全事故;组织或者参与本单位生产安全事故的调查处理,承担生产安全事故统计和分析工作。

(10)其他安全生产管理工作。

3)危险货物道路运输企业安全生产管理机构及安全生产管理人员的安全职责

危险货物道路运输企业安全生产管理机构的安全职责应至少包括:

(1)贯彻落实安全生产决策机构有关安全生产决定和管理措施。

(2)组织制定(修订)和执行安全生产管理制度、操作规程、安全生产工作计划、安全生产费用预算、应急预案等。

(3)组织召开安全会议,开展安全生产活动,提出安全生产管理建议。

(4)负责安全生产工作的监督、检查、考核、通报。

(5)负责安全设施、设备、防护用品管理与发放。

(6)负责车辆维护和修理。

(7)负责危险货物受理、审核及相应营运手续办理。

(8)制订运输组织方案及进行车辆人员调度。

(9)负责专职安全生产管理人员、从业人员的审核、聘用、奖惩、解聘、劳动安全、职业健康等。

(10)负责运输事故现场协调、配合、调查与报告。

(11)负责安全生产管理档案的建立、信息统计等。

4)危险货物道路运输企业专职安全生产管理人员的安全职责

危险货物道路运输企业专职安全生产管理人员的安全职责应至少包括:

(1)协助制定、执行企业安全生产管理规章制度、操作规程、应急预案、安全生产工作计划、安全措施等,监督、检查执行情况,提出改进建议。

(2)组织从业人员的安全学习、安全教育培训、应急演练等安全生产活动。

(3)做好安全检查和隐患排查及督促整改工作。

(4)负责新聘从业人员的教育培训、考核。

(5)负责车辆和安全设施及设备、劳动防护用品等管理、发放、使用和维护,以及单位相关证照和保险办理。

(6)负责事故现场组织施救,协助事故调查、处理,以及事故原因分析与保险理赔。

(7)负责车辆动态监管以及安全统计和安全管理档案的建立。

四、安全生产管理人员的能力素质要求

道路运输企业的安全生产管理人员原则上应具有3年以上运输企业基层工作经历,熟悉基层的安全管理和车辆技术管理等工作。原则上应具有大专以上学历,不低于或相当于高中学历。

根据《安全生产法》《道路运输企业主要负责人和安全生产管理人员安全考核管理办法》要求,道路运输企业的主要负责人和安全生产管理人员必须具备与所从事的道路运输生产经营活动相应的安全生产知识和管理能力,并由交通运输主管部门对其安全考核合格。道路运输企业主要负责人和安全生产管理人员应当在从事道路运输安全生产相关工作 6 个月内完成安全考核工作。

《道路运输企业主要负责人和安全生产管理人员安全考核管理办法》《道路运输企业主要负责人和安全生产管理人员安全考核大纲》规定,道路运输企业的主要负责人和安全生产管理人员应掌握如下安全生产知识和管理能力:

(1) 掌握《安全生产法》《中华人民共和国反恐怖主义法》《中华人民共和国道路运输条例》(以下简称《道路运输条例》)《危险化学品安全管理条例》《生产安全事故报告和调查处理条例》《中共中央国务院关于推进安全生产领域改革发展的意见》等法律法规政策涉及道路运输安全的主要条款要求及应承担的法律责任。

(2) 掌握《道路旅客运输及客运站管理规定》《道路货物运输及站场管理规定》《道路危险货物运输管理规定》《道路运输车辆技术管理规定》《道路运输车辆动态监督管理办法》《道路运输从业人员管理规定》等部门规章的主要条款要求及应承担的法律责任。

(3) 熟悉《公路水路行业安全生产风险管理暂行办法》《公路水路行业安全生产事故隐患治理暂行办法》《企业安全生产费用提取和使用管理办法》等道路运输安全规范性文件的相关内容及贯彻实施要求。

(4) 熟悉《营运客车安全技术条件》《营运货车安全技术条件》《危险货物道路运输规则》《道路旅客运输企业安全管理规范》《汽车客运站安全生产管理规范》等行业标准规范及技术要求。

(5) 掌握道路运输企业安全生产主体责任。

(6) 掌握道路运输企业安全管理知识,熟悉道路运输安全生产特点及各种因素对道路运输安全的影响及应对措施。

(7) 掌握企业安全风险管控、隐患排查治理的程序和措施。

(8) 掌握事故应急处置、救援及事故管理流程。

(9) 掌握道路运输安全生产实务。

第 3 节 安全生产责任体系

《安全生产法》规定:生产经营单位必须遵守本法和其他有关安全生产的法律、法规,加强安全生产管理,建立、健全安全生产责任制和安全生产规章制度。《中共中央国务院关于推进安全生产领域改革发展的意见》规定:要严格落实企业主体责任,企业对本单位安全生产和职业健康工作负全面责任,要严格履行安全生产法定责任,建立健全自我约束、持续改进的内生机制。企业实行全员安全生产责任制度,法定代表人和实际控制人同为安全生产第一责任人,主要技术负责人负有安全生产技术决策和指挥权,强化部门安全生产职责,落实一岗双责。

所有企业必须认真履行安全生产主体责任,做到安全投入到位、安全培训到位、基础管理到位、应急救援到位。企业落实好安全生产主体责任,是保障道路运输安全生产的根本和关键。

一、安全生产主体责任

1. 安全生产主体责任的主要内容

根据《安全生产法》《中共中央国务院关于推进安全生产领域改革发展的意见》《国务院安委会办公室关于全面加强企业全员安全生产责任制工作的通知》的有关规定,道路运输企业安全生产主体责任至少应包括如下内容:

(1)依法建立安全生产管理机构。

(2)建立健全安全生产责任制和各项管理制度。

(3)持续具备法律法规、规章、国家标准和行业标准规定的安全生产条件。

(4)确保资金投入满足安全生产需要。

(5)依法组织从业人员参加安全生产教育和培训。

(6)如实告知从业人员作业场所和工作岗位存在的危险、危害因素、防范措施和事故应急措施,教育职工自觉承担安全生产义务。

(7)为从业人员提供符合国家标准或行业标准的劳动防护用品,并监督教育从业人员按照规定佩戴适用。

(8)对重大危险源实施有效的检测、监控。

(9)预防和减少作业场所职业危害。

(10)安全设施、设备(包括特种设备)符合安全管理的有关要求,按规定定期检测检验。

(11)依法制订生产安全事故应急救援预案,落实操作岗位应急措施。

(12)及时发现、治理和消除本单位安全事故隐患。

(13)积极采取先进的安全生产技术、设备和工艺,提高安全生产科技保障水平,确保所使用的工艺装备及相关劳动工具符合安全生产要求。

(14)保证新建、改建、扩建工程项目依法实施安全设施"三同时"。

(15)统一协调管理承包、承租单位的安全生产工作。

(16)依法参加工伤保险,为从业人员缴纳保险费。

(17)按要求上报生产安全事故,做好事故抢险救援,妥善处理对事故伤亡人员依法赔偿等事故善后工作。

(18)法律、法规规定的其他安全生产责任。

2.安全生产主体责任的有关要求

《交通运输部关于推进公路水路行业安全生产领域改革发展的实施意见》明确要求，道路运输企业应采取如下措施，严格落实全员安全生产主体责任：

（1）对本企业安全生产和职业健康工作负全面责任，依法依规设置安全生产管理机构，配足安全生产专职管理人员，加大安全生产资金投入，提高运输工具、装备设施安全性能，建立健全自我约束、持续改进的内生机制。

（2）实行企业全员安全生产责任制度，细化并落实主要负责人、管理人员和每个岗位的责任。法定代表人和实际控制人同为安全生产第一责任人，主要技术负责人负有安全生产技术决策和指挥权，强化部门安全生产职责，落实一岗双责。

（3）建立全过程安全生产和职业健康管理制度，做到安全责任、管理、投入、培训和应急救援"五到位"。

（4）按规定开展安全生产风险评估和辨识，建立管控制度，制定落实安全操作规程，做到"清单化""痕迹化"管理。

（5）树立"隐患就是事故"理念，建立健全隐患排查治理制度、重大隐患治理情况向交通运输有关部门和企业职代会"双报告"制度，实行自查自改自报闭环管理。

（6）大力推进企业安全生产标准化建设，开展经常性应急演练，依法诚实守信开展安全生产工作。

二、安全生产责任制

安全生产责任制是企业安全生产管理中最基本、最核心的制度。对于道路运输企业而言，安全生产责任制就是根据安全生产法律法规和相关标准要求，在生产经营活动中，根据企业岗位的性质、特点和具体工作内容，明确所有层级、各类岗位从业人员的安全生产责任，通过加强教育培训、强化管理考核和严格奖惩等方式，建立起安全生产工作"层层负责、人人有责、各负其责"的工作体系。

1.安全生产责任制的编写原则

道路运输企业编写安全生产责任制应遵循如下原则：

（1）合规合法。道路运输企业要按照《安全生产法》《中华人民共和国职业病防治法》等法律法规规定，参照《交通运输企业安全生产标准化建设基本规范》《企业安全生产责任体系五落实五到位规定》等法规政策要求，编写安全生产责任制。

（2）全面覆盖。道路运输企业应遵循"横向到边、纵向到底"要求，将本企业的安全生产责任分解到各部门、各岗位，明确责任人员、责任内容和考核标准，形成覆盖所有部门、所有岗位、所有人员的安全生产责任网络体系。

（3）实操性强。道路运输的安全生产责任制特别是一线从业人员的安全生产责任制，其责任内容、范围、考核标准既要符合企业实际，又要通俗易懂，简明扼要、清晰明确、便于操作，便于工作人员执行。

(4)动态调整。道路运输企业的生产经营活动是一个动态变化的过程。随着企业自身的发展壮大及职能部门的调整、岗位内容的变化,各岗位的安全生产责任会随着变化,安全生产责任制应随着变化及时调整,确保安全责任和岗位内容相互匹配、统一。

2. 安全生产责任制的主要内容

道路运输企业的安全生产责任制应当包括如下内容:

(1)主要负责人的安全生产责任、目标及考核标准。

(2)分管安全生产和运输经营的负责人的安全生产责任、目标及考核标准。

(3)安全生产管理人员的安全生产责任、目标及考核标准。

(4)管理科室、分支机构及其负责人的安全生产责任、目标及考核标准。

(5)车队和车队队长的安全生产责任、目标及考核标准。

(6)岗位从业人员的安全生产责任、目标及考核标准。

3. 安全生产责任制的编写步骤

道路运输企业制定安全生产责任制,可以分为如下8个步骤:

(1)成立编制小组。成立由企业主要负责人为组长,各部门负责人和职工代表为成员的编制小组,组织开展安全生产责任制的编制工作。

(2)资料收集。编制小组应收集道路运输安全管理相关法律法规、标准规范以及同行业企业制定的责任制度等资料。

(3)编制。编制应按照相关法律法规规定,按照企业实际进行编制。法律法规对相关部门和人员责任有规定的,应必须将规定条款编入。法律法规没有明确规定,应按照其工作职责,确定相应的安全生产职责。

(4)审核。起草完的责任制度应交主要负责人或安全生产委员会进行审核,必要时可邀请道路运输行业相关专家进行外部审核。审核通过予以发布,不通过则退回编制小组重新修改,直到审核通过。

(5)发布实施。审核通过的责任制应由企业主要负责人签发,以正式文件形式向全公司发布。企业要在适当位置对安全生产责任制进行长期公示。公示的内容主要包括:所有层级、所有岗位的安全生产责任、安全生产责任范围、安全生产责任考核标准等。

(6)宣传教育。要将安全生产责任制的教育培训工作纳入企业安全生产年度培训计划,组织全体员工进行学习培训,让每位员工熟知其安全生产责任。

(7)持续改进。发布后的安全生产责任制,应定期对其实用性、科学性进行评估和修订,持续改进。

(8)档案管理。企业要建立健全教育培训档案,如实记录安全生产教育和培训情况。

4. 安全生产责任制的贯彻落实

在安全生产责任制正式发布后,道路运输企业应采取相应的措施,将安全生产责

任落实到企业全员,并加强考核管理:

(1)签订安全生产目标责任书。道路运输企业应当与各分支机构层层签订安全生产目标责任书,责任书要明确各岗位的安全生产职责及相应奖惩细则,责任书中所量化的安全目标要与企业制定的安全目标一致,并高于企业的安全目标。首先,企业主要负责人和分管负责人签订安全生产目标责任书,然后逐级签订安全生产目标责任书,形成自上而下、分级控制、一级向一级负责的安全生产目标责任体系。安全生产目标责任书原则上每年要签署1次。

(2)开展安全生产责任制考核奖惩。根据《国务院安委会办公室关于全面加强企业全员安全生产责任制工作的通知》规定,道路运输企业要建立健全安全生产责任制考核制度,制定明确的考核指标,定期对全员安全生产责任制落实情况进行考核管理。要健全激励约束机制,通过奖励主动落实、全面落实责任,惩处不落实责任、部分落实责任,不断激发全员参与安全生产工作的积极性和主动性,形成良好的安全文化氛围。道路运输企业安全生产责任制考核一般分为年度考核和季度考核两种。

第4节 安全生产管理制度

根据《安全生产法》《道路运输条例》及《交通运输企业安全生产标准化建设评价管理办法》等法律法规政策标准的要求,道路运输企业应建立健全安全生产管理制度体系,并且安全生产管理制度应合规、完备。

一、安全生产管理制度的编制依据

(1)以安全生产法律法规、国家和行业标准、地方政府的法规和标准为依据。道路运输企业的安全生产管理制度,是国家和行业管理部门一系列法律法规在道路运输生产经营过程中具体贯彻落实的体现。道路运输企业制定、修订安全生产管理制度时,首先必须符合国家、行业管理部门以及企业所在地地方政府的法律法规政策的要求。

(2)以对危险有害因素的识别控制及事故教训为依据。安全生产管理制度建设的核心是危险有害因素的识别和控制,通过对危险有害因素的识别,能提高管理制度建设的目的性和针对性,保障安全生产。同时,企业要积极借鉴相关事故教训,及时修订和完善管理制度,防范类似事故重复发生。

(3)以国际、国内先进的安全管理方法为依据。随着安全科学技术的迅猛发展,安全生产风险防范的方法和手段不断完善。尤其是安全系统工程理论研究的不断深化,安全管理的方法和手段也日益丰富,如职业安全健康管理体系、风险评估和安全评价体系的建立,为道路运输企业安全生产管理制度建设提供了依据。

二、安全生产管理制度的编制步骤

（1）起草。根据企业安全生产责任制，由安全生产管理机构或相关职能部门负责起草。起草前应对安全生产管理制度的编制目的、适用范围、主管部门、解释部门和实施日期等予以明确。同时还应做好相关资料的准备和收集工作。管理制度的编制应做到条理清楚、结构严谨、用词准确、文字简明、标点符号正确。

（2）征求意见。起草的管理制度应通过正式渠道获得相关部门以及工会或员工代表的意见和建议，以利于管理制度的颁布和贯彻落实。当意见不一致时，应由分管领导组织讨论，统一认识、达成一致。

（3）审核。制度签发前，应进行审核。一是由企业负责法律事务的部门进行合规性审查；二是由专业技术性强的管理制度相关专家进行审核；三是安全奖惩等涉及全员性的制度，应经过职工代表大会或职工代表进行审核。

（4）签发。技术规程、安全操作规程等技术性较强的安全生产管理制度，一般由企业主管生产的负责人或总工程师签发。涉及全局性的综合管理制度，应由企业的主要负责人签发。

（5）发布。安全生产管理制度应采用固定的方式进行发布，如红头文件、内部办公网络发布等形式。发布的范围须涵盖应执行的部门、人员。有特殊的制度还应正式送达相关人员，并由接收人员签字。

（6）培训。新发布的安全生产管理制度、修订的安全生产管理制度，应组织全员进行培训，并进行考核。

（7）反馈。定期检查安全生产管理制度执行中存在的问题，或建立信息反馈制度，及时掌握安全生产管理制度的执行效果。

（8）持续改进。企业应每年制定管理制度，并公布现行有效的安全生产管理制度清单。对安全操作规程类管理制度，除每年进行评审外，当有重大变化时应进行一次全面修订，并重新发布，确保管理制度的建设和管理有序进行。

三、安全生产管理制度体系构成

道路运输企业的安全生产管理制度可以分为四类：综合安全管理制度、人员安全管理制度、设施设备安全管理制度、环境安全管理制度，如图2-3所示。

1. 综合安全管理制度

（1）安全生产责任制度。安全生产责任制度是道路运输企业安全生产管理制度建立的基础，其核心是明确安全管理的责任边界，解决"谁来管，管什么，怎么管，承担什么责任"的问题。安全生产责任制度应明确企业各级领导、各职能部门、管理人员及各生产岗位的安全生产责任、权利和义务等内容。建立安全生产责任，应有明确的监管、检查标准或指标，确保责任制切实落实到位，并根据企业管理体制的变化及安全生产新的法律、法规、政策变化及时修订。

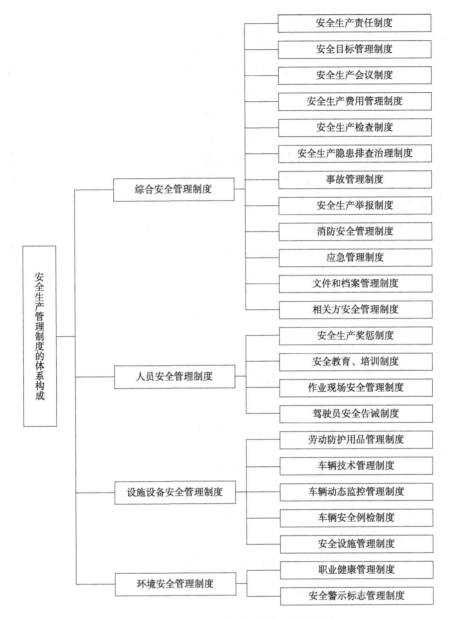

图 2-3　道路运输企业的安全生产管理制度的构成

（2）安全目标管理制度。安全目标管理制度应明确企业负责人、安全生产管理机构、职能部门、作业场所在目标制定、分解、实施、考核中的职责，明确企业安全生产目标的制定、落实、考核程序。

（3）安全生产会议制度。企业应定期召开安全工作会议，总结安全管理工作中的问题，提出安全工作计划。

（4）安全生产费用管理制度。安全生产费用管理制度应明确企业的类别和安全费用的提取比例，安全生产费用的审核使用流程，安全生产费用的使用范围和监督保障措施。

(5)安全生产检查制度。安全生产检查制度应明确检查对象、检查方式、检查频率、检查人员、检查结果处置等相关内容。

(6)安全生产隐患排查治理制度。安全生产隐患排查治理制度应明确企业排查的对象、排查周期、隐患分析和治理措施,隐患统计和跟踪管理等。

(7)事故管理制度。事故管理制度应明确事故报告程序、要求、现场应急处置、现场保护,严格按照"四不放过"原则对事故情况进行处理。

(8)安全生产举报制度。安全生产举报制度应明确驾驶员和其他职工的举报权力和举报方式,制定相应的奖励标准。

(9)消防安全管理制度。消防安全管理制度应明确企业各部门及职工的消防安全职责,提出具体的消防安全措施、消防安全教育制度、消防检查制度。

(10)应急管理制度。应急管理制度应明确企业应急管理的部门,应急预案的编制、审核、发布、培训、演练实施和修订等。

(11)文件和档案管理制度。文件和档案管理制度应明确企业管理制度、文件等资料档案的管理要求,管理流程等,对企业的安全管理信息系统实施档案化管理,包括车辆档案和人员档案等。

(12)相关方安全管理制度。企业应与相关方签订安全管理协议,明确双方的安全管理职责,审查相关方的资质条件,定期开展相关方安全检查,并组织制定相关安全技术措施。

2. 人员安全管理制度

(1)安全生产奖惩制度。安全生产奖惩制度应明确考核对象、考核方法、考核周期、考核结果的通报以及奖惩措施。

(2)安全教育、培训制度。安全教育、培训制度应明确企业的各级管理人员安全管理知识培训,新员工三级教育培训,转岗和复岗培训,新材料、新工艺、新设备投入使用的培训,特种作业人员培训,从业人员继续教育培训等培训要求,还应明确各项培训的对象、内容及考核要求等。企业应建立培训教育档案。

(3)作业现场安全管理制度。作业现场安全管理制度应明确作业现场岗位作业人员的安全措施要求,特种作业和危险性较大的作业,应明确作业程序,实施安全许可作业,保障安全的组织措施、技术措施的制定及执行等内容。

(4)驾驶员安全告诫制度。驾驶员安全告诫制度应明确驾驶员在驾驶过程中应注意的问题和不安全因素,对驾驶过程中可能存在的危险因素对驾驶员进行告诫,确保安全驾驶。

(5)劳动防护用品管理制度。劳动防护用品管理制度应明确企业劳动防护用品的种类、适用范围、领取程序、使用前检查和更换等内容。

对于道路客运企业,还应制定旅客安全告知制度。

3. 设施设备安全管理制度

(1)车辆技术管理制度。车辆技术管理制度应明确车辆的检测和维护周期,车辆维修、车辆的一二级维护等内容和要求;应设置车辆的技术管理机构或专职技术管理人员对车辆实施技术管理。

(2)车辆动态监控管理制度。车辆动态监控管理制度应明确车辆动态监控装置的安装、使用、实时监控、驾驶员违法驾驶提醒、违法信息登记处理、定期检查维护等要求。

(3)车辆安全例检制度。车辆安全例检制度应明确车辆例检管理程序、车辆例检的主要内容,车辆出车前、行车中、收车后的安全检查要求。

(4)安全设施管理制度。安全设施管理制度应明确安全设施的种类、名称、用途、数量及定期检查检测要求。

4.环境安全管理制度

(1)职业健康管理制度。职业健康管理制度应明确作业现场存在的职业危害因素的种类、场所、职业危害岗位从业人员的定期职业健康检查、职业危害防护措施、设备的设置和发放等。

(2)安全警示标志管理制度。安全警示标志管理制度应明确安全警示标志的种类、名称、数量、地点和位置,安全警示标志的定期检查和维护等。

关于道路客运企业、汽车客运站、危险货物道路运输企业安全管理制度的有关要求,见本书第5章有关内容。

第5节 安全生产费用管理

《安全生产法》规定,生产经营单位应当具备安全生产条件所必需的资金投入,由生产经营单位的决策机构、主要负责人或者个人经营的投资人予以保证,并对由于安全生产所必需的资金投入不足导致的后果承担责任。有关生产经营单位应当按照规定提取和使用安全生产费用,专门用于改善安全生产条件。

道路运输企业应执行《企业安全生产费用提取和使用管理办法》《交通运输企业安全生产标准化建设基本规范》的有关要求,按照"企业提取、政府监督管理、确保需要、规范使用"的原则对安全生产费用进行管理,建立专门管理制度,足额提取安全生产费用,单独核算,按规定范围安排使用。

一、安全生产费用的提取

根据《企业安全生产费用提取和使用管理办法》要求,道路运输企业以上年度实际营业收入为计提依据,按照以下标准平均逐月提取:

(1)道路普通货物运输企业按照1%提取;

(2)道路客运企业、危险货物道路运输企业按照1.5%提取。

道路运输企业在上述标准的基础上,根据安全生产实际需要,可适当提高安全生产费用提取标准。新建企业和投产不足一年的企业以当年实际营业收入为提取依据,按月计提安全生产费用。

二、安全生产费用的使用

道路运输企业应根据《交通运输企业安全生产标准化建设基本规范 第1部分：总体要求》，在如下范围内使用安全生产费用：

（1）完善、改造和维护安全防护设施设备支出（不含"三同时"要求初期投入的安全设施），包括交通运输设施设备和装卸工具安全状况检测及维护系统、运输设施设备和装卸工具附属安全设备等支出。例如：道路运输车辆动态监控平台、视频监控系统的建设、运行、维护和升级改造，以及具有行驶记录功能的卫星定位装置、视频监控装置的购置、安装和使用等支出。

（2）配备、维护应急救援器材、设备支出和应急演练支出。

（3）开展重大危险源和事故隐患评估、监控和整改支出。

（4）安全生产检查、评价（不包括新建、改建、扩建项目安全评价）、咨询和安全生产标准化建设支出。

（5）配备和更新驾驶员、押运员、三品安检员、安全例检员等现场作业人员安全防护用品支出。

（6）安全生产宣传、教育、培训支出。

（7）安全生产适用的新技术、新标准、新工艺、新装备的推广应用支出。

（8）安全设施及特种设备检测检验支出。

（9）其他与安全生产直接相关的支出。

三、安全生产费用的监管

道路运输企业应根据《交通运输企业安全生产标准化建设基本规范 第1部分：总体要求》，采取如下措施加强安全生产费用的监督管理：

（1）企业应建立安全生产费用管理制度，明确企业的类别和安全生产费用的提取比例，安全生产费用的审核使用流程，安全生产费用的使用范围和监督保障措施。

（2）企业要编制年度安全生产费用提取和使用计划，纳入企业财务预算。年度安全生产经费使用计划和上一年安全生产费用的提取、使用情况，按照管理权限报同级财政部门、安全生产监督管理部门和行业主管部门备案。

（3）企业提取的安全生产费用应当专户核算，按规定范围安排使用，不得挤占、挪用。年度结余资金转下一年度使用。当年计提的安全生产费用不足的，超出部分按照正常成本费用渠道列支。

（4）安全生产费用属于企业自提自用资金，其他单位和部门不得采用收取、代管等形式对安全生产经费进行集中管理和使用。

《企业安全生产费用提取和使用管理办法》规定，道路运输企业如未按规定提取、使用安全生产费用,安全生产监督管理部门和行业主管部门会同财政部门责令企业限期改正,并依照《安全生产违法行为行政处罚办法》等相关法律法规要求进行处理、处罚。

> 《安全生产违法行为行政处罚办法》第四十三条规定:
> 　　生产经营单位的决策机构、主要负责人、个人经营的投资人(包括实际控制人,下同)未依法保证下列安全生产所必需的资金投入之一,致使生产经营单位不具备安全生产条件的,责令限期改正,提供必需的资金,可以对生产经营单位处1万元以上3万元以下罚款,对生产经营单位的主要负责人、个人经营的投资人处5000元以上1万元以下罚款;逾期未改正的,责令生产经营单位停产停业整顿:
> 　　(一)提取或者使用安全生产费用;
> 　　(二)用于配备劳动防护用品的经费;
> 　　(三)用于安全生产教育和培训的经费。
> 　　(四)国家规定的其他安全生产所必需的资金投入。

第6节　安全生产教育培训

《中共中央国务院关于推进安全生产领域改革发展的意见》明确要求,严格落实企业安全教育培训制度,切实做到先培训、后上岗,未经安全生产教育培训合格的从业人员,不得上岗作业。道路运输企业应根据《生产经营单位安全培训规定》《安全生产培训管理办法》《道路旅客运输企业安全管理规范》《汽车客运站安全生产规范》等有关规定,加强企业从业人员的安全生产教育培训。

一、安全生产教育培训管理

道路运输企业应采取如下措施,加强安全教育培训管理:

(1)建立企业安全教育培训管理制度,明确企业各类从业人员的安全教育培训要求及培训内容和考核要求等。制订安全教育培训计划,明确安全教育培训目标、内容和要求,并保证安全教育培训开展所需的人员、资金和设施。

(2)按照培训计划,企业应分类、分级组织各类安全教育培训,确保安全教育培训覆盖全部从业人员。

(3)企业应组织对培训效果的后评估,持续改进提高培训质量。

(4)应当建立安全生产教育和培训档案,由企业安全生产管理机构及安全生产管理人员如实记录安全生产教育培训的时间、内容、参加人员及考核结果等情况。安全生产教育培训记录的保存期限,需要参照《道路旅客运输企业安全管理规范》《汽车客运站安全生产规范》等有关规定执行。

二、从业人员安全生产教育培训

道路运输企业的从业人员包括企业主要负责人、安全生产管理人员、特种设备作业人员、特种作业人员、驾驶员及其他从业人员。企业应当对从业人员进行安全生产教育和培训,保证从业人员具备必要的安全生产知识,熟悉有关的安全生产管理制度和安全操作规程,掌握本岗位的安全操作技能,了解事故应急处理措施,知悉自身在安全生产方面的权利和义务。

1. 从业人员安全生产教育培训的总体要求

道路运输企业开展从业人员安全生产教育培训,应遵守如下要求:

(1)企业从业人员应该每年接受再培训,培训时间不得少于规定学时。

(2)对离岗一年重新上岗、转换工作岗位的人员,应进行岗前培训。培训内容应包括安全法律法规、安全管理制度、岗位操作规程、风险和危害告知等,与新岗位安全生产要求相符合。

(3)企业应对新员工进行三级安全教育培训,经考核合格后,方可上岗。培训时间不得少于规定学时(根据《生产经营单位安全培训规定》,新上岗的从业人员,岗前安全培训时间不得少于24学时)。

(4)企业使用被派遣劳动者的,应纳入本企业从业人员统一管理,进行岗位安全操作规程和安全操作技能的教育和培训。

(5)在新技术、新设备投入使用前,应对管理和操作人员进行专项培训。

(6)从业人员的安全生产教育培训应当以道路运输企业自主培训为主,也可委托、聘请具备对外开展安全生产教育培训业务的机构或其他客运企业进行安全生产教育培训。

2. 企业主要负责人和安全生产管理人员的安全生产教育培训

(1)安全生产教育培训学时要求。根据《道路旅客运输企业安全管理规范》《汽车客运站安全生产规范》的要求,道路客运企业、汽车客运站的主要负责人和安全生产管理人员初次安全生产教育培训时间不得少于24学时,每年再培训时间不少于12学时。危险货物道路运输企业主要负责人和安全生产管理人员的初次安全培训时间、每年再培训时间,应参照《生产经营单位安全培训规定》等有关规定执行。

(2)安全生产教育培训的主要内容。根据《生产经营单位安全培训规定》的要求,道路运输企业主要负责人的安全教育培训应当包括下列内容:

①国家安全生产方针、政策和有关安全生产的法律、法规、规章及标准;

②安全生产管理基本知识、安全生产技术、安全生产专业知识;

③重大危险源管理、重大事故防范、应急管理和救援组织以及事故调查处理的有关规定;

④职业危害及其预防措施;

⑤国内外先进的安全生产管理经验;

⑥典型事故和应急救援案例分析；
⑦其他需要培训的内容。

企业安全生产管理人员安全教育培训，应当包括下列内容：
①国家安全生产方针、政策和有关安全生产的法律、法规、规章及标准；
②安全生产管理、安全生产技术、职业卫生等知识；
③伤亡事故统计、报告及职业危害的调查处理方法；
④应急管理、应急预案编制以及应急处置的内容和要求；
⑤国内外先进的安全生产管理经验；
⑥典型事故和应急救援案例分析；
⑦其他需要培训的内容。

道路运输企业应在上述规定内容的基础上，根据《道路运输企业主要负责人和安全生产管理人员安全考核管理办法》的要求，并结合企业实际，对企业主要负责人和安全生产管理人员的安全教育培训内容进行细化。

3. 特种设备作业人员的安全教育培训

特种设备作业人员是指电梯、起重机、叉车、客运索道等特种设备的作业人员及其相关管理人员。特种设备作业人员只有在取得"特种设备作业人员证"后，方可从事相应的特种设备作业或者管理工作，并按规定定期进行复审。道路运输企业应根据《特种设备作业人员监督管理办法》的要求，加强特种设备作业人员的安全教育培训，确保作业人员具备必要的特种设备安全作业知识、作业技能。

4. 特种作业人员的安全教育培训

特种作业人员是指直接从事容易发生事故，对操作者本人、他人的安全健康及设备、设施的安全可能造成重大危害的作业的从业人员。特种作业人员只有取得"特种作业操作证"后，方可上岗作业，并按规定定期进行复审。道路运输企业应根据《交通运输企业安全生产标准化建设基本规范 第1部分：总体要求》的要求，对电工、焊工等特种作业人员做好针对性的安全技术理论培训和实际操作培训。另外，离开特种作业岗位6个月以上的特种作业人员，应重新进行实际操作考试，经确认合格后方可上岗作业。关于特种作业人员的其他安全教育培训要求，可参考《特种作业人员安全技术培训考核管理规定》。

关于驾驶员的安全教育培训要求，见本书第5章有关内容，此处不再赘述。

第 3 章 道路运输企业安全生产风险管理与隐患治理

《中共中央国务院关于推进安全生产发展领域改革发展的意见》明确提出,要构建风险分级管控和隐患排查治理双重预防工作机制,严防风险演变、隐患升级导致生产安全事故发生。对于道路运输企业而言,要根据《交通运输部关于印发〈公路水路行业安全生产风险管理暂行办法〉〈公路水路行业安全生产事故隐患治理暂行办法〉的通知》等政策文件要求,建立健全企业安全生产风险管理和隐患治理双重预防体系,努力推进安全生产管理由事中事后监管向事前识别管控风险、排查治理隐患转变,防范遏制安全生产重特大事故发生。

第 1 节 安全生产风险管理

开展安全生产风险管理,是转变企业安全生产管理方式、提高安全生产管理水平的重要途径,是有效防范和遏制安全生产重特大事故的重要举措。《中共中央国务院关于推进安全生产领域改革发展的意见》明确要求,生产经营单位要构建风险分级管控和隐患排查治理双重预防工作机制,严防风险演变、隐患升级导致生产安全事故发生。

道路运输企业要根据《公路水路行业安全生产风险管理暂行办法》《公路水路行业安全生产风险辨识评估管控基本规范(试行)》有关要求,构建安全生产风险管理体系,开展全过程、各环节风险控制,以预防和减少事故发生,提高安全生产管理水平,保证生产经营活动的顺利进行。

一、全生产风险的概念和分类

1. 安全生产风险的概念

(1)安全生产风险。根据《企业安全生产标准化基本规范》《公路水路行业安全生产风险管理暂行办法》定义,道路运输企业的安全生产风险主要是指道路运输生产经营过程中发生安全生产事故的可能性,以及随之引发的人身伤害或财产损失的严重性的组合。

(2)安全生产风险管理。是在对风险源辨识、评估的基础上,优化组合各种风险管理技术,对风险实施有效控制,妥善处理风险所致结果,以最小成本达到最大安全保障的系列活动。

(3)安全生产风险辨识。是指发现、确认和描述风险的过程,包括风险原因和潜在后果的辨识。

（4）安全生产风险评估。安全生产风险评估是指将安全生产风险辨识的结果按照风险评估标准进行评估，以确定安全生产风险和(或)其量的大小、级别以及是否可接受或可容许。

（5）安全生产风险管控。安全生产风险管控是指应对风险的措施，主要包括应对安全生产风险的流程、策略、设施设备、操作或其他行动。

2. 安全生产风险的分类

公路水路行业的安全生产风险可以分为道路运输风险、水路运输风险、港口营运风险、交通工程建设风险、交通设施养护工程风险和其他风险 6 个类型。道路运输风险又可细分为道路客运风险、危险货物道路运输风险等多个类别。

对于道路运输企业而言，根据可能导致安全生产事故的后果和概率，其安全生产风险分为 4 个等级：

（1）重大风险，是指一定条件下易导致特别重大安全生产事故的风险，主要是指可能造成特别重大事故、特别重大环境污染事件、特别重大社会影响事件的风险。

（2）较大风险，是指一定条件下易导致重大安全生产事故的风险。

（3）一般风险，是指一定条件下易导致较大安全生产事故的风险。

（4）较小风险，是指一定条件下易导致一般安全生产事故的风险。

同时满足两个以上条件的，按最高等级确定风险等级。

《道路运输安全生产风险等级判定指南》将由交通运输部另行发布。

3. 安全生产风险管理的原则

道路运输企业开展安全生产风险管理工作，应坚持 3 个原则：

（1）业务融合原则。风险管理应贯穿于道路运输生产经营的全过程，并与各环节的业务工作融合起来。安全生产管理人员、驾驶员、安检员等关键岗位从业人员应树立风险管理理念，并严格执行风险管理政策、制度、管理程序和要求。

（2）系统化原则。道路运输企业应当从车辆、安全设施设备、道路环节、管理等不同角度，系统化开展致险因素分析。

（3）动态管理原则。随着道路运输经营范围、组织机构、运输路线、营运车辆等的变化而动态变化，风险辨识、评估、管控工作要相应进行动态调整。

二、安全生产风险管理的职责

根据《公路水路行业安全生产风险管理暂行办法》要求，道路运输企业的安全生产风险管理职责如下：

（1）依法依规建立健全安全生产风险管理工作制度，开展本企业管理范围内的安全生产风险辨识、评估等工作。

（2）落实重大风险登记、重大危险源报备和控制责任，防范和减少安全生产事故。

（3）充分运用信息化、智能化、大数据等技术手段和先进工艺、材料、技术、装备，提升企业风险管控水平。

另外，道路运输企业可以委托第三方服务机构提供风险管理相关支持工作，但是不改变道路运输企业风险管理的主体责任。

道路运输企业应按照"分级管理"原则，明确不同层级部门的安全生产风险管控责任分工：

（1）主要负责人。对本企业的安全生产风险管控工作全面负责，主要职责包括：组织建立健全安全生产风险管控管理制度，组织制定安全生产风险管控教育和培训计划，保证安全生产风险管控经费投入，开展安全生产风险管控督促检查，并定期开展"重大风险"管控措施落实情况监督检查，组织制定安全生产风险事件应急预案或措施，及时、如实上报安全生产风险事件。

（2）安全生产管理机构。对本企业的安全生产风险管控工作具体负责，主要职责包括：建立健全安全生产风险管控规章制度，制定安全生产风险管控教育和培训计划并组织实施，制定安全生产风险管控经费使用计划并监督实施，执行安全生产风险管控监督检查，监督落实"重大风险"管控措施，制定风险事件应急预案或措施并监督实施，及时、如实上报安全生产风险事件，定期开展安全生产风险管控工作总结和改进建议。

（3）业务管理部门。对本部门的安全生产风险管控具体负责，职责包括：落实风险管控规章制度，制定并落实风险管控措施，及时、如实上报安全生产风险事件，参加安全生产风险管控教育和培训，定期或不定期向安全生产管理机构汇报风险管控工作情况及改进建议。

（4）基层单位。实施具体的安全生产风险管控，职责包括：落实安全生产风险管控规章制度，开展安全生产风险监测预警、警示告知、风险降低等风险管控工作，开展安全生产风险事件发生后的应急处置工作，参加安全生产风险管控教育和培训，定期或不定期向业务管理部门汇报风险管控工作及改进建议。

三、安全生产风险管理过程

安全生产风险管理是一个周而复始、持续改进的闭环过程，可以分为风险辨识、风险评估、风险管控、总结改进4个环节（图3-1）。在这个过程中，道路运输企业通过自我检查、自我纠正和自我完善，形成安全生产风险管理长效机制。

道路运输企业应当按照《交通运输企业安全生产标准化建设基本规范》《公路水路行业安全生产风险辨识评估管控基本规范（试行）》等行业标准的有关要求，从如下5个方面开展安全生产风险管理。

图3-1 道路运输企业安全生产风险管理过程

1. 建立领导机构

道路运输企业应建立安全生产风险管控工作领导机构，明确组织及成员的职责、目标、任务。并应指定专门机构负责本企业的风险识别、管控工作。

2. 风险辨识

安全生产风险辨识的主要任务,是对尚未发生的潜在的各种风险进行系统的归类,对企业所有的工作人员(包括外部人员)、工程过程和工作场所进行全方位的风险识别。

风险辨识主要分为5个步骤:

(1)确定风险辨识范围。道路运输企业应根据业务经营范围,综合考虑不同业务范围风险事件发生的独立性,以及历史风险事件发生情况,研究确定1个或以上风险辨识范围。

(2)划分作业单位。道路运输企业应按照风险管理需求"独立性"原则,根据经营范围、停车场、行车路线、管理制度、营运车辆、装卸设施、关键岗位人员等进行作业单元划分,建立《作业单元清单》。

(3)确定风险事件。道路客运企业、货运企业、客货场站等,应针对不同作业单元,结合日常安全生产管理实际,综合考虑历史风险事件发生情况,研究确定各作业单元可能发生的安全生产风险事件,编制《风险事件分析表》(表3-1)。

风险事件分析表　　　　　　　　　　　　　　　　　　　　表3-1

风险辨识范围(业务名称)	作业单元	典型风险事件

(4)分析致险要素。道路运输企业应针对不同作业单元,按照人、车辆(设施设备,也含货物或物料)、道路环境、管理四要素进行主要致险因素分析,编制《致险因素分析表》(表3-2)。

致险因素分析表　　　　　　　　　　　　　　　　　　　　表3-2

风险辨识范围(业务名称)	作业单元	典型风险事件	致险因素			
			人的因素	设施设备因素	环境因素	管理因素

致险因素是指促使各类突发事件发生、增加其发生的可能性、扩大其损失程度、增大其不良社会影响的潜在原因或条件。道路运输企业的致险因素主要包含以下3个方面:

①驾驶员(从业人员)安全意识、安全与应急技能、安全行为或状态;

②运输工具、安全设施、工作场所等设施设备的安全可靠性;

③安全生产的管理机构、工作机制及安全生产管理制度合规和完备性。

(5)编制风险辨识手册。道路运输企业应针对本企业生产经营活动范围及生产经营环节,按照相关法规标准和本规范相关要求,编制《风险辨识手册》,明确风险辨识范围、划分作业单元、确定风险事件、分析致险因素。

①辨识范围。企业应根据业务经营范围,综合考虑不同业务范围风险事件发生的独立性,以及历史风险事件发生情况,研究确定若干风险辨识范围。

②辨识方式。风险辨识方式分为全面辨识和专项辨识两种。全面辨识是全面、系统对本企业生产经营活动开展的风险辨识,原则上每年不少于1次。专项辨识是对本企业重点业务、工作环节或重点部位、管理对象等领域开展的安全生产风险辨识。专项辨识应在生产经营环节或其要素发生重大变化或管理部门有特殊要求时及时开展。

道路运输企业要根据《风险辨识手册》,组织专业人员有计划地开展安全生产风险辨识活动。风险辨识结束后,要形成《风险清单》。

3. 风险评估

道路运输企业风险评估的主要任务,是依据风险等级判定指南和风险辨识规则,对风险清单进行逐项评估,确定风险等级。

(1)成立风险评估专家组。道路运输企业应首先成立风险评估小组。小组成员应包括企业负责人或安全生产管理机构负责人和相关业务部门负责人、2名以上相关专业领域具有一定从业经历的专业技术人员。

(2)建立风险评估指标体系。风险事件发生的可能性(假设为L)、后果严重程度(假设为C)两个指标决定着道路运输企业安全生产风险等级。

可能性(L)分为5个级别:极高、高、中等、低、极低,判断标准如表3-3所示。

可能性(L)判断标准表　　　表3-3

可能性级别	发生的可能性	取值区间
极高	极易	$9<L\leq10$
高	易	$6<L\leq9$
中等	可能	$3<L\leq6$
低	不大可能	$1<L\leq3$
极低	极不可能	$0<L\leq1$

后果严重程度(C)分为4个级别:特别严重、严重、较严重、不严重,判断标准如表3-4所示。

后果严重程度(C)判断标准表　　　表3-4

后果严重程度级别	后果严重程度总体判断标准定义	取值区间
特别严重	(1)人员伤亡:可能发生人员伤亡数量达到特别重大事故伤亡标准; (2)经济损失:可能发生经济损失达到特别重大事故经济损失标准; (3)环境污染:可能造成特别重大生态环境灾害或公共卫生事件; (4)社会影响:可能对国家或区域的社会、经济、外交、军事、政治等产生特别重大影响	10

续上表

后果严重程度级别	后果严重程度总体判断标准定义	取值区间
严重	(1)人员伤亡:可能发生人员伤亡数量达到重大事故伤亡标准; (2)经济损失:可能发生经济损失达到重大事故经济损失标准; (3)环境污染:可能造成重大生态环境灾害或公共卫生事件; (4)社会影响:可能对国家或区域的社会、经济、外交、军事、政治等产生重大影响	5
较严重	(1)人员伤亡:可能发生人员伤亡数量达到较大事故伤亡标准; (2)经济损失:可能发生经济损失达到较大事故经济损失标准; (3)环境污染:可能造成较大生态环境灾害或公共卫生事件; (4)社会影响:可能对国家或区域的社会、经济、外交、军事、政治等产生较大影响	2
不严重	(1)人员伤亡:可能发生人员伤亡数量达到一般事故伤亡标准; (2)经济损失:可能发生经济损失达到一般事故经济损失标准; (3)环境污染:可能造成一般生态环境灾害或公共卫生事件; (4)社会影响:可能对国家或区域的社会、经济、外交、军事、政治等产生较小影响	1

注:具体事故等级标准,请参考《生产安全事故报告和调查处理条例》。

(3)确立风险等级评估标准。道路运输企业安全生产风险(假设为 D), $D = L \times C$。道路运输企业安全生产风险可以分为四级:重大、较大、一般、较小,具体判断标准如表3-5所示。

风险等级取值区间表 表3-5

风险等级	风险等级取值区间	风险等级	风险等级取值区间
重大风险	$55 < D \leq 100$	一般风险	$5 < D \leq 20$
较大风险	$20 < D \leq 55$	较小风险	$0 < D \leq 5$

(4)整体风险评估标准。根据宏观管理需要,结合历史风险管理经验,进行区域(领域)范围不同等级风险数量阈值设置。当区域(领域)范围内某一等级的风险数量处于阈值范围内,则认为区域(领域)整体风险等级达到一定级别。当整体风险处于"重大风险"时,要根据《公路水路行业安全生产风险辨识评估管控基本规范(试行)》要求,采取措施加强风险管控。

(5)风险等级调整。道路运输企业如果发现新的致险因素或已有主要致险因素发生变化,导致发生风险事件可能性或后果严重程度显著变化时,应及时开展风险再评估,并调整风险等级。

4. 风险管控

道路运输企业应依据不同作业单元的风险等级、性质等因素,建立风险管控制度,科学制定管控措施,将安全生产风险控制在可接受范围之内,防范安全生产事故发生。

(1)建立风险管控制度。道路运输企业应建立风险管控制度体系,主要包括风险监控预警、风险警示告知、风险降低、教育培训、档案管理、风险控制等制度。

①风险监控预警制度应明确以下内容：风险监控部门、风险监控对象、监控重点、监控内容、监控要求、监控手段、预警内容、预警级别、预警阈值、预警方式、防御性响应等。

②风险警示告知制度应明确以下内容：警示对象、警示方式、警示内容等。警示对象包括：企业职工以及社会公众；警示方式包括：物理隔离、标志标牌、语音提醒、人工干预等；警示内容包括：风险类型、位置、风险危害、影响范围、致险因素、可能发生的风险事件及后果、安全防范与应急措施等。

③风险降低制度应明确以下内容：风险类型、级别、主要致险因素、风险降低措施、资金来源、风险降低要求、风险降低目标等。

④教育培训制度应明确以下内容：教育培训内容、对象、形式、要求、考核等。

⑤档案管理制度应明确以下内容：档案管理对象、管理内容、管理形式、管理有效期、使用方式、使用权限、更新要求、保密要求等。

⑥风险控制制度应明确以下内容：分类别、分级别的风险控制工作机制、工作流程、技术要求等。

(2) 实施风险管控措施。具体措施如下：

①监测预警。道路运输企业应落实风险监测预警工作制度，根据不同的监控对象、监控重点、监控内容、监控要求，采取科学高效的方式，切实加强监测预警工作。

风险监测预警人员应根据风险监测预警工作制度，通过监测系统或人工手段，实现对作业单元的实时状态和变化趋势的掌握，并根据主要致险因素的管控临界值，实现异常预警。相关预警信息应及时报告相关管理部门和人员。

企业相关部门和人员在收到预警信息后，应及时做好应急人员、物资、装备等防御性响应工作，防范安全生产事故发生。

②警示告知。道路运输企业应落实风险警示告知工作制度，将风险基本情况、应急措施等信息通过安全手册、公告提醒、标识牌、讲解宣传、网络信息等方式告知本范围从业人员和进入风险工作区域的外来人员，使其熟悉风险，掌握、落实应采取的控制措施，做好安全防范。

在主要风险场所设置安全警示标识，标明警示内容，并将主要风险类型、位置、风险危害、影响范围、致险因素、可能发生的风险事件及后果、安全防范与应急措施，告知直接影响范围内的相关部门和人员。

③风险降低。道路运输企业应落实风险降低工作制度，根据本企业的风险辨识、评估结果，针对人、设施设备、环境、管理等致险因素，采取有效的风险降低措施，降低风险等级。

④应急处置。道路运输企业应加强风险事件应急处置体系建设，包括：完善应急预案，理顺应急管理机制，组建专兼职应急队伍，储备应急物资和装备，加强应急演

练等。

突发事件发生后,应依据国家《突发事件应对法》,按照"分级负责、属地管理"的原则,严格执行行业、企业制定的相关应急预案、应急协调联动机制,接受地方政府、行业管理部门的统一应急指挥决策、应急协调联动、应急信息发布,并积极开展突发事件现场的应急处置工作。

(3)教育培训。道路运输企业应结合本单位风险管理实际,针对全体员工特别是关键岗位人员,加强风险管理教育培训,明确教育培训内容、对象、时间安排等。

(4)档案管理。道路运输企业应落实档案管理制度,规范档案管理,如实记录风险辨识、评估、管控,以及教育培训、登记备案等工作痕迹和信息,遵守行业管理部门相关信息报备要求。

5. 总结和改进

道路运输企业应对管理范围内风险辨识、评估、登记、管控、应急等情况进行年度总结和分析,针对存在的问题提出改进措施并加以落实,进一步提升安全生产风险管控能力。

四、重大安全生产风险管控

1. 风险登记

对于本企业的重大风险,道路运输企业应当将有关信息通过公路水路行业安全生产风险管理信息系统进行登记。

(1)登记内容。重大风险登记的主要内容应包括如下信息:

①基本信息,包括重大风险名称、类型、主要致险因素、评估报告、所属生产经营单位名称、联系人及方式等信息;

②管控信息,包括管控措施(含应急措施)和可能发生的安全生产事故及影响范围与后果等信息;

③预警信息,包括预警事件类型、级别,可能影响区域范围、持续时间、发布(报送)范围,应对措施等(重大风险进入预警状态的,应做好同步登记,并及时报送预警信息);

④事故信息,包括重大风险管控失效发生的安全生产事故名称、类型、级别、发生时间、造成的人员伤亡和损失、应急处置情况、调查处理报告等(安全生产事故发生后,要及时登记事故信息);

⑤填报单位、人员、时间,以及需填报的其他信息。

(2)登记方式。重大风险登记分为初次、定期和动态3种方式:

①初次登记,应在评估确定重大风险后5个工作日内填报。

②定期登记,采取季度和年度登记,季度登记截止时间为每季度结束后次月10日;年度登记时间为自然年,截止时间为次年1月30日。

③动态登记,企业发现重大风险的致险因素超出管控范围或出现新的致险因素,

导致发生事故概率显著增加或预估后果加重时,应在5个工作日内动态填报相关异常信息。

2. 风险管控

道路运输企业应按下列要求采取措施,加强对重大风险的管控:

(1)针对重大风险制定动态监测计划,定期更新监测数据或状态,每月不少于1次。

(2)重大风险确定后,按年度组织专业技术人员对风险管控措施进行评估改进,年度评估报告应在次年1个月内通过交通运输安全生产风险管理系统向属地负有安全生产监督管理职责的交通运输管理部门报送。

(3)重大风险应单独编制专项应急措施,并对进入重大风险影响区域的本企业从业人员组织开展安全防范、应急逃生避险和应急处置等相关培训和演练。

(4)在重大风险所在场所设置明显的安全警示标志,以文字或图像等方式,给予进入重大风险区域的从业人员注意事项提示。

(5)根据主要致险因素的可控性,积极制定风险降低工作制度,并建立重大风险降低专项资金,满足企业针对重大风险的管控需求。

3. 风险销号

重大风险经评估确定等级降低或解除的,道路运输企业应于5个工作日内通过公路水路行业安全生产风险管理系统予以销号。

4. 风险管控失效总结

重大风险管控失效发生安全生产事故的,在应急处置和调查处理结束后,道路运输企业应在15个工作日对相关工作进行评估总结,明确改进措施。评估总结应向属地负有安全生产监督管理职责的交通运输管理部门报送。

5. 风险档案管理

道路运输企业应落实重大风险信息登记备案规定,如实记录风险辨识、评估、监测、管控等工作。并规范管理档案,重大风险应单独建立清单和专项档案,明确信息登记责任人,严格遵守报备内容、方式、时限、质量等要求,接受相关管理部门监督。

第2节 安全生产隐患治理

道路运输企业要根据《安全生产事故隐患排查治理暂行规定》《公路水路行业安全生产隐患治理暂行办法》《交通运输企业安全生产标准化建设基本规范》等法规标准要求,规范企业安全生产隐患治理工作,对营运车辆、驾驶员、运输线路、运营过程、客货站场等安全生产各要素和环节进行安全隐患排查治理,防范和遏制安全生产事故发生。

一、安全生产隐患的概念和分类

1. 安全生产隐患的概念

根据《公路水路行业安全生产隐患治理暂行办法》，结合道路运输企业实际，安全生产隐患是指道路运输企业违反安全生产法律、法规、规章、标准、规程和安全生产管理制度等规定，或因其他因素在道路运输生产经营活动中存在的可能导致安全生产事故发生的人的不安全行为、物的不安全状态、场所的不安全因素和管理上的缺陷。如驾驶员疲劳驾驶，车辆安全例检频率不达标，营运车辆上的灭火器失效，安全生产岗位责任划分不清晰，从业人员安全教育培训不到位等，都属于安全生产隐患。

2. 安全生产隐患的分类

参考山东省地方标准《公路水路行业企业生产安全隐患排查治理体系细则》，道路运输企业的安全生产隐患可以分为基础管理类、作业现场类两大类：

1）基础管理类隐患

(1)企业资质证明。主要指企业在安全生产证、消防验收报告、安全评价报告等方面存在不符合法规要求的问题和缺陷。

(2)安全生产管理机构及人员。主要指企业未依据相关法律法规要求，设置安全生产管理机构或配备相应的安全生产管理人员。

(3)安全生产责任制。主要指企业未建立安全生产责任制或责任制不完善。

(4)安全生产管理制度。主要指企业安全生产管理制度不健全或不符合政策法规的要求。

(5)安全操作规程。是指企业缺少安全生产操作规程或操作规程制定不完善。

(6)教育培训。是指企业未开展安全生产教育培训或者培训时间、培训内容不达标。

(7)安全生产管理档案。是指企业未建立安全生产管理档案或档案建立不完善。

(8)安全生产投入。是指企业在安全生产投入方面存在的问题和缺陷，比如没有足额提取安全生产费用、经费支出不合规等。

(9)应急管理。是指企业在应急管理方面存在的问题和缺陷。

(10)特种设备管理。是指在特种设备（起重机械、叉车、电梯等）管理人员、管理制度、档案记录、检验报告等方面存在的问题和缺陷。

(11)相关方安全管理。是指企业没有制定相关方安全生产管理制度或管理制度不符合法律法规要求，对相关方的管理不到位。

(12)职业健康管理。是指企业针对驾驶员、汽车维修等存在职业危害的岗位，没有制定职业危害防治计划、方案，建立职业健康档案或者计划、方案、档案不健全等。

(13)其他管理等方面的隐患。

2）作业现场类隐患

(1)车辆及安全设备设施；

(2) 场站、行车路况、天气等；
(3) 驾驶员、押运员、GPS 监控等从业人员操作行为；
(4) 消防及应急设施；
(5) 起重机械、叉车、电梯等特种设备；
(6) 供配电设施；
(7) 动力系统；
(8) 相关方现场作业；
(9) 其他方面的隐患。

3. 安全生产隐患的分级

根据隐患整改、治理和排除的难度及其导致事故后果和影响范围，道路运输企业安全生产隐患分为一般隐患和重大隐患两个等级。

一般隐患，是指危害和整改难度较小，发现后能立即整改排除的隐患。

重大隐患，是指极易导致重特大安全生产事故，且整改难度较大，需要全部或者局部停产停业，并经过一定时间整改治理方能消除的隐患，或者因外部因素影响致使生产经营单位自身难以消除的隐患。对于重大隐患，目前交通运输行业尚没有统一的判定标准，道路运输企业可以根据所在省市交通运输主管部门的相关文件或要求来判定。

> 根据《公路水路行业企业生产安全隐患排查治理体系细则》，山东省将以下情形视为重大事故隐患：
> (1) 违反法律法规有关规定，整改时间长、整改难度大或可能造成较严重危害的；
> (2) 涉及重大危险源且管控措施不到位的；
> (3) 因外部因素影响致使生产经营单位自身难以排除的隐患；
> (4) 存在超范围、超能力、超期限作业情况，或者危险货物作业不符合安全要求的；
> (5) 安全管理存在重大缺陷的；
> (6) 设区的市级以上负有安全监管职责的部门认定的；
> (7) 其他有明确规定的。

二、安全生产隐患治理的职责

道路运输企业安全生产隐患治理的职责有以下几点：

(1) 企业是隐患治理的责任主体，企业主要负责人对本单位安全生产隐患治理工作全面负责，应当部署、督促、检查本单位或本单位职责范围内的安全生产隐患治理工作，及时消除隐患。

（2）企业应当保障安全生产隐患治理投入，做到责任、措施、资金、时限、预案"五到位"。

（3）企业应加大安全生产投入，积极应用信息化、智能化技术手段和安全性能水平高的新工艺、新材料、新技术和新装备，减少和消除安全生产隐患。

另外，道路运输企业虽然可以委托第三方专业服务机构提供隐患治理相关支持工作，但是不改变道路运输企业隐患治理主体责任。

三、安全生产隐患治理过程

道路运输企业的安全生产隐患排查治理，也是一个持续改进的闭环过程，可以分为建立隐患排查制度和方案、组织开展隐患排查、隐患统计与分析、实施隐患整改、验收与总结几个环节，如图3-2所示。

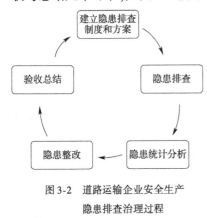

图3-2 道路运输企业安全生产隐患排查治理过程

1. 建立领导机构

道路运输企业应建立隐患排查治理的组织领导机构，明确其组织及成员的职责、目标、任务。企业负责人是本企业隐患排查治理体系建设的第一责任人，应保证隐患排查治理的人、财、物投入，分管负责人、各部门及人员应负责职责范围内的隐患排查治理工作，确保隐患得到治理。应指定专门隐患排查治理工作机构和工作人员，在领导机构的指导下，负责本单位安全生产隐患排查、治理工作。

2. 建立排查制度和机制

建立排查制度和机制包括建立隐患排查相关制度、建立隐患排查工作机制、建立隐患治理表彰激励机制、建立隐患治理全员参与机制等。

（1）道路运输企业应建立隐患排查相关制度，明确检查方式、频次、职责分工、检查内容、隐患处置程序和相关记录文件。隐患排查制度体系主要包括隐患排查、隐患告知（预警）、隐患整改、评估验收、报备、奖惩考核、建档、培训等制度。通过这些管理制度，逐级明确隐患治理责任，并落实到具体岗位和人员。

（2）道路运输企业要建立隐患排查工作机制，明确隐患排查的责任部门、人员、排查范围、程序、频次、统计分析、效果评价和评估改进等要求。要采用综合检查、专业检查、季节性检查、节假日检查、日常检查等多种方式开展隐患排查。

①隐患日常排查，是企业结合日常工作组织开展的经常性隐患排查。根据《公路水路行业安全生产隐患治理暂行办法》要求，排查范围应覆盖日常生产作业环节，日常排查每周应不少于1次。

②隐患专项排查。是企业在一定范围、领域组织开展的针对特定隐患的排查，一般包括：根据政府及有关管理部门安全工作专项部署，开展针对性的隐患排查；根据季

节性、规律性安全生产条件变化,开展针对性的隐患排查;根据新设备、新技术投入使用对安全生产条件形成的变化,开展针对性的隐患排查;根据安全生产事故情况,开展针对性的隐患排查。

③隐患定期排查。是企业根据生产经营活动特点,组织开展涵盖道路运输生产经营领域、环节的隐患排查。定期排查每半年应不少于1次。

(3)道路运输企业应当建立隐患治理表彰、激励机制。鼓励从业人员主动参与排查和消除隐患,并将隐患治理责任落实情况作为重要内容纳入员工岗位绩效考核。

(4)道路运输企业应当建立隐患治理全员参与机制,建立安全生产隐患报告制度,畅通投诉、举报渠道,鼓励职工发现和排除安全生产隐患,对生产经营活动中隐患治理责任不落实,危及生产经营安全的行为和状态进行投诉或举报,并切实保障投诉或举报人合法权益。

3. 开展隐患排查

隐患排查包括制定排查计划、编制隐患排查项目清单、定期进行隐患排查、确定隐患等级并进行登记,形成隐患清单等环节。

(1)制定排查计划。隐患排查机构要制定排查计划,明确各类型隐患排查的排查时间、排查目的、排查要求、排查范围、组织级别及排查人员等。隐患排查的范围包括所有与生产经营相关的场所、人员、设备设施和活动,包括承包商和供应商等相关服务范围。

(2)编制隐患排查项目清单。隐患排查机构要编制基础管理类隐患排查项目清单和作业现场类隐患排查项目清单,并组织开展相应的培训。

①作业现场类隐患排查项目清单(表3-6),要依据企业安全生产风险清单中各风险点的控制措施及标准、规程要求来编制,应包括风险点名称、责任单位、风险等级、排查内容与排查标准、排查类型、排查周期、组织级别等信息。

②基础管理类隐患排查项目清单(表3-7),要依据有关法律、法规、技术标准、规程要求来编制,应包括排查项目、排查内容、排查标准、排查类型、排查周期等信息。

(3)隐患排查工作人员按照排查计划及排查项目清单,定期进行隐患排查。在排查过程中,要认真填写隐患排查记录,形成隐患排查治理工作台账(表3-8、表3-9),台账应包括排查对象或范围、时间、人员、安全技术状况、处理意见等内容,经隐患排查直接责任人签字后妥善保存。

(4)依据确定的隐患等级划分标准,对发现或排查出的隐患进行判定,确定隐患等级并进行登记,形成隐患清单。对于重大隐患,企业应向属地负有安全生产监督管理职责的交通运输管理部门备案。

4. 隐患治理

道路运输企业的隐患治理流程包括通报隐患信息、下发隐患整改通知书、实施隐患整改、隐患整改情况反馈、隐患整改情况验收等环节。

表 3-6

作业现场类隐患排查项目清单

编号	风险点			排查内容与排查标准				日常检查				专业性检查			综合性检查			……
	类型	名称	风险点等级	责任单位	作业步骤（检查项目）	危险源或潜在事件（标准）		管控措施	名称（示例：交接班）	名称（示例：巡检）	…	名称	…	名称	…			
						序号	名称		排查周期、组织级别（示例：每天、岗位级）	排查周期、组织级别（示例：每周、岗位级）		排查周期、组织级别		排查周期、组织级别				
					1			工程技术	(√)	(√)								
								管理措施	(√)	(√)								
								培训教育	(√)	(√)								
								个体防护	(√)	(√)								
								应急处置										
					2	…	…	…										
					3			…										
					…													

注：1. 排查类型主要包括日常隐患排查、综合性隐患排查、专项隐患排查、季节性隐患排查、节假日隐患排查、企业各级负责人履职检查等。
2. 组织级别一般包括公司级、部门级、班组级、车间级、岗位级，组织级别对排查内容与排查标准进行勾选。
3. 根据排查类型、排查周期、组织级别设置情况对本单位机构设置情况对组织级别进行调整。

第3章 道路运输企业安全生产风险管理与隐患治理

基础管理类隐患排查项目清单

表 3-7

序号	排查项目	排查内容与排查标准	专业性检查		综合性检查		……		……	
			名称	排查周期、组织级别（示例：每季度，企业级）	名称	排查周期、组织级别（示例：每月，部门级）	名称	排查周期、组织级别	名称	排查周期、组织级别
		主要负责人和安全生产管理人员接受培训，按规定取证，取证后按规定进行再培训，培训教育学时符合规定								
		生产单位主要负责人和安全生产管理人员具备与所从事的生产经营活动相适应的安全生产知识和管理能力								
		按规定取证，证件有效，证件与实际岗位相符，证件符合国家有关规定和要求								
		开展日常教育，"三级"教育，"四新"教育，转岗、重新上岗等安全培训教育，安全培训教育规定时间内容符合要求								
		……								

注：1. 排查类型主要包括日常隐患排查、综合性隐患排查、专项隐患排查、季节性隐患排查、节假日隐患排查、企业各级负责人履职检查等。

2. 组织级别一般包括公司级、部门级、车间级、班组级，也可结合本单位机构设置情况对组织级别进行调整。

3. 根据排查类型、排查周期、组织级别对排查内容与排查标准进行勾选。

作业现场类隐患排查工作台账

表3-8

风险点				排查内容与排查标准			计划过程			排查过程					整改过程					验收过程		
类型	名称	风险点等级	责任单位	作业步骤（检查项目）	危险源或潜在事件（标准）	管控措施	排查类型	排查周期	责任单位	责任人	排查结果	隐患描述	隐患级别	排查人	排查时间	形成原因分析	整改措施	整改责任单位	整改责任人	整改期限	资金额	验收时间	验收人	验收情况
作业活动或设备设施				序号	名称																			
				1		工程技术																		
						管理措施																		
						培训教育																		
						个体防护																		
						应急处置																		
				2		⋯																		
				3		⋯																		
编号				⋯																				

表 3-9 基础管理类隐患排查工作台账

序号	排查项目	计划过程			排查过程						整改过程					验收过程		
		排查内容与排查标准	排查类型	排查周期	责任单位	责任人	排查结果	隐患描述	隐患级别	排查人	排查时间	形成原因分析	整改措施	整改责任单位	整改责任人	整改期限	资金额	验收时间	验收人	验收情况
	生产经营单位资质证照	……																		
	安全生产管理机构及人员	……																		
	……	……																		

(1)通报隐患信息。道路运输企业在每次隐患排查结束后,要及时将隐患名称、存在位置、不符合状况、隐患登记、治理期限及治理措施要求等信息向相关人员通报。

(2)下发隐患整改通知书。隐患排查工作机构要根据情况,制发隐患整改通知书,对隐患整改责任单位、措施建议、完成期限等提出要求。

(3)实施隐患整改。隐患整改责任单位在实施整改前,要对隐患的原因进行分析,并制定切实可行的整改措施。对于一般隐患,企业要按照职责分工,能够现场整改的隐患应立即组织整改,整改情况要安排专人确认;对于不能立即整改的安全隐患,企业应当组织制定安全隐患治理方案,依据方案及时进行整改;对于自身不能解决的安全隐患,道路运输企业应当立即向有关部门报告,依据有关规定进行整改。另外,隐患整改过程中,企业应采取相应的监控防范措施,防止发生次生事故,如果无法保证安全,应从危险区域内撤出作业人员,疏散可能危及的人员,设置警戒标志,暂时停产停业或停止使用相关设备、设施。

(4)隐患整改情况反馈。隐患整改结束后,责任单位应向隐患排查工作机构提交隐患整改报告。

(5)隐患整改情况验收。一般隐患整改完成后,道路运输企业应按规定进行验证或组织验收,出具整改验收结论,并由验收主要负责人签字确认。

5. 档案管理和统计

根据《道路旅客运输企业安全管理规范》规定,道路运输企业应当建立安全隐患排查治理档案,档案应当包括:隐患排查治理日期,隐患排查的具体部位或场所,发现安全隐患的数量、类别和具体情况,安全隐患治理意见,参加隐患排查治理的人员及其签字,安全隐患治理情况、复查情况、复查时间、复查人员及其签字等。档案保存期限应不少于36个月。

道路运输企业应当结合生产经营活动特点,每月对本单位隐患治理情况进行统计分析,分析隐患形成的原因、特点及规律,对多发、普发的安全隐患要深入分析,形成统计分析报告,建立安全隐患排查治理长效机制。

四、重大安全生产隐患治理

对发现或排查出的重大隐患,道路运输企业应当按照《公路水路行业安全生产隐患治理暂行办法》要求,建立重大隐患专项档案,及时向有关部门报备,并组织专项整改。

1. 隐患报备

道路运输企业应按照"及时报备、动态更新、真实准确"的原则,通过公路水路行业安全生产隐患治理信息系统,向属地负有安全生产监督管理职责的管理部门及时报备重大隐患信息(负有直接监督管理责任的交通运输管理部门应审查报备信息的完整性)。

1）重大隐患报备信息应包括以下内容

（1）隐患名称、类型类别、所属生产经营单位及所在行政区划、属地负有安全生产监督管理职责的管理部门；

（2）隐患现状描述及产生原因；

（3）可能导致发生的安全生产事故及后果；

（4）整改方案或已经采取的治理措施，治理效果和可能存在的遗留问题；

（5）隐患整改验收情况、责任人处理结果；

（6）整改期间发生安全生产事故的，还应报送事故及处理结果等信息。

上述第（4）~（6）款信息在相关工作完成后报备。

2）重大隐患报备包括首次报备、定期报备和不定期报备3种方式

（1）首次报备，应在重大隐患确定后5个工作日内报备；

（2）定期报备，应在每季度结束后次月前10个工作日内报备，主要报送重大隐患整改的进展情况；

（3）不定期报备，当重大隐患状态发生重大变化后，应在5个工作日内报备。

2. 隐患整改

在开展重大隐患整改前，道路运输企业应当制定专项整改方案，包括以下内容：

(1) 整改的目标和任务；

(2) 整改技术方案和整改期的安全保障措施；

(3) 经费和物资保障措施；

(4) 整改责任部门和人员；

(5) 整改时限及节点要求；

(6) 应急处置措施；

(7) 跟踪督办及验收部门和人员。

道路运输企业应当依据整改方案，组织相关部门和人员，对重大隐患进行全方位整改。

3. 隐患整改验收

重大隐患整改完成后，道路运输企业应成立隐患整改验收组（或委托第三方服务机构），组织开展专项验收。隐患整改验收组成员应包括企业负责人、安全生产管理机构负责人、相关业务部门负责人和2名以上相关专业领域具有一定从业经历的专业技术人员。验收组应根据隐患暴露出的问题，全面评估，出具整改验收结论，并由组长签字确认。

4. 隐患销号

重大隐患整改验收通过的，道路运输企业应将验收结论向属地负有安全生产监督管理职责的交通运输管理部门报备，申请销号。报备申请材料包括：

（1）重大隐患基本情况及整改方案；

（2）重大隐患整改过程；

(3)验收机构或验收组基本情况;

(4)验收报告及结论;

(5)下一步改进措施。

5. 评估总结

重大隐患整改验收完成后,道路运输企业应对隐患形成原因及整改工作进行分析评估,及时完善相关制度和措施,并依据有关规定和制度对相关责任人进行处理,开展有针对性的培训教育。

第4章 道路运输企业事故应急管理与调查处理

安全生产事故应急管理和报告调查处理,是道路运输企业安全生产管理体系的重要环节。道路运输事故发生后,如何快速开展应急处置和紧急救援、减轻人员财产损失,如何配合有关部门对事故进行调查并汲取事故教训、避免类似事故再次发生,都是道路运输企业安全生产管理的重点。

第1节 事故应急管理

道路运输企业要根据《生产安全事故应急条例》《生产安全事故应急预案管理办法》《交通运输企业安全生产标准化建设基本规范》等法律法规标准规范有关要求,加强和规范生产安全事故应急工作,提高应急能力,切实减少事故造成的人员伤亡和财产损失。

一、应急管理的含义

应急管理,是指政府及其他公共机构在突发事件的事前预防、事发应对、事中处置和善后恢复过程中,通过建立必要的应对机制,采取一系列必要措施,应用科学、技术、规划与管理等手段,保障公众生命、健康和财产安全;促进社会和谐健康发展的有关活动。

二、应急管理的职责划分

根据《生产安全事故应急条例》要求,道路运输企业主要负责人对本单位的生产安全事故应急工作全面负责。道路运输企业要建立健全生产安全事故应急工作责任制,明确各岗位责任人员、责任范围和考核标准等内容,做到层层落实应急管理责任,确保本企业应急管理工作落实到位。企业主要负责人负责组织编制和实施本单位的应急预案,并对应急预案的真实性和实用性负责,各分管负责人应当按照职责分工落实应急预案规定的职责。

道路运输企业如果有下列情形,将承担相应的法律责任:

(1)企业未制定生产安全事故应急救援预案、未定期组织应急救援预案演练、未对从业人员进行应急教育和培训,企业主要负责人在本单位发生生产安全事故时不立即组织抢救的,由有关部门依照《安全生产法》有关规定追究法律责任。

(2)企业未对应急救援器材、设备和物资进行经常性维护,导致发生严重生产安全事故或者生产安全事故危害扩大,或者在本单位发生生产安全事故后未立即采取相应的应急救援措施,造成严重后果的,由有关部门依照《中华人民共和国突发事件应对法》有关规定追究法律责任。

(3)企业未将生产安全事故应急救援预案报送备案、未建立应急值班制度或者配备应急值班人员的,由有关部门责令限期改正;逾期未改正的,将处以罚款。

三、应急准备

1. 应急队伍建设

道路运输企业应建立应急管理组织机构或指定专人负责应急管理工作,建立与本企业安全生产特点相适应的专(兼)职应急救援队伍,并及时将本企业应急救援队伍建立情况报送县级以上人民政府负有安全生产监督管理职责的部门。小型企业或者微型企业等规模较小的企业,可以不建立应急救援队伍,但应当指定兼职的应急救援人员,并且可以与邻近的应急救援队伍签订应急救援协议。

应急救援人员应当具备必要的专业知识、技能、身体素质和心理素质。应急救援队伍建立单位或者兼职应急救援人员所在单位,应当按照国家有关规定对应急救援人员进行培训,应急救援人员经培训合格后,方可参加应急救援工作。应急救援队伍要配备必要的应急救援装备和物资,并定期组织训练。

道路运输企业要开展应急预案的宣传教育培训,使有关人员了解应急预案内容,熟悉应急职责、应急程序和应急处置方案,并普及生产安全事故预防、避险、自救和互救知识。

2. 应急设施设备管理

道路运输企业要根据本单位可能发生的生产安全事故的特点和危害,按照有关规定设置应急设施,配备必要的灭火、排水、通风以及应急救援器材、设备和物资等,建立管理台账,安排专人管理,并进行经常性检查、维护,保证正常运转。

3. 应急预案编制

在编制应急预案之前,道路运输企业要做两项工作:一是成立编制工作小组,由本企业有关负责人任组长,吸收与应急预案有关的职能部门和单位的人员,以及有现场处置经验的人员参加;二是进行事故风险辨识、评估和应急资源调查。在上述工作基础上,根据《生产安全事故应急预案管理办法》等有关法律、法规、规章和相关标准,结合本单位组织管理体系、生产规模和可能发生的事故特点,确立本单位的应急预案体系,编制相应的应急预案。

另外,道路运输企业应当在编制应急预案的基础上,针对工作场所、岗位的特点,编制简明、实用、有效的应急处置卡。应急处置卡要规定重点岗位、人员的应急处置程序和措施,以及相关联络人员和联系方式,便于从业人员携带。

1)应急预案的种类

道路运输企业的应急预案分为综合应急预案、专项应急预案和现场处置方案。

(1)综合应急预案,是企业为应对各种生产安全事故而制定的综合性工作方案,是本单位应对生产安全事故的总体工作程序、措施和应急预案体系的总纲。如果道路运输企业风险种类多、可能发生多种类型事故,就要组织编制综合应急预案。通过综合应急预案,明确应急组织机构及其职责、应急预案体系、事故风险描述、预警及信息报告、应急响应、保障措施、应急预案管理等内容。

(2)专项应急预案,是指企业为应对某一种或者多种类型生产安全事故,或者针对重要生产设施、重大危险源、重大活动防止生产安全事故而制定的专项性工作方案。专项应急预案应当规定应急指挥机构与职责、处置程序和措施等内容。

(3)现场处置方案,是指企业根据不同生产安全事故类型,针对具体场所、装置或者设施所制定的应急处置措施。对于危险性较大的场所、装置或者设施,道路运输企业应当编制现场处置方案。现场处置方案应当规定应急工作职责、应急处置措施和注意事项等内容。

2)应急预案的编制要求

道路运输企业应急预案编制应当符合下列基本要求:

(1)有关法律、法规、规章和标准的规定;

(2)本单位的安全生产实际情况;

(3)本单位的危险性分析情况;

(4)应急组织和人员的职责分工要明确,并有具体的落实措施;

(5)有明确、具体的应急程序和处置措施,并与其应急能力相适应;

(6)有明确的应急保障措施,满足本地区、本部门、本单位的应急工作需要;

(7)应急预案基本要素齐全、完整,应急预案附件提供的信息准确;

(8)各类应急预案之间应当相互衔接,并与相关人民政府及其交通运输主管部门、应急救援队伍和涉及的其他单位的应急预案相衔接;

(9)应急预案应当包括向上级应急管理机构报告的内容、应急组织机构和人员的联系方式、应急物资储备清单等附件信息(附件信息发生变化时,应当及时更新,确保准确有效);

(10)应急预案编制过程中,应当根据法律、法规、规章的规定或者实际需要,征求相关应急救援队伍、公民、法人或者其他组织的意见。

3)应急预案评审

危险货物道路运输企业应当对本单位的应急预案进行评审,并形成书面评审纪要;其他道路运输企业也可以根据自身需要,对本单位编制的应急预案进行论证。应急预案的评审或论证应当注重基本要素的完整性、组织体系的合理性、应急处置程序和措施的针对性、应急保障措施的可行性、应急预案的衔接性等内容。参加应急预案评审论证的人员,应当包括有关安全生产及应急管理方面的专家(评审人员如果与生产经营单位有利害关系的,应当回避)。

4)应急预案公布和报备

应急预案经评审或者论证后,由道路运输企业的主要负责人签署,向本单位从业人员公布,并及时发放到本单位有关部门、岗位和相关应急救援队伍。如果事故风险可能影响周边其他单位、人员的,企业还应当将有关事故风险的性质、影响范围和应急防范措施告知周边的其他单位和人员。

《生产安全事故应急预案管理办法》第二十六条规定,危险货物道路运输企业应当在应急预案公布之日起20个工作日内,按照分级属地原则,向县级以上人民政府应急管理部门和其他负有安全生产监督管理职责的部门进行备案,并依法向社会公布。其他道路运输企业的应急预案备案由省、自治区、直辖市人民政府负有安全生产监督管理职责的部门备案。道路运输企业可以通过应急救援信息系统办理生产安全事故应急救援预案备案手续,报送应急救援预案演练情况和应急救援队伍建设情况。

道路运输企业申报应急预案备案,应当提交下列材料:

(1)应急预案备案申报表;

(2)应急预案评审意见;

(3)应急预案电子文档;

(4)风险评估结果和应急资源调查清单。

4. 应急预案演练

道路运输企业应当定期组织开展生产安全事故应急演练,做到一线从业人员参与应急演练全覆盖。危险货物道路运输企业应当至少每半年组织一次生产安全事故应急预案演练,并将演练情况报送所在地县级以上地方人民政府负有安全生产监督管理职责的部门。其他道路运输企业应当制定本单位的应急预案演练计划,根据本单位的事故风险特点,每年至少组织一次综合应急预案演练或者专项应急预案演练,每半年至少组织一次现场处置方案演练。

应急预案演练结束后,演练组织单位应当对应急预案演练效果进行评估,撰写应急预案演练评估报告,分析存在的问题,并对应急预案提出修订意见。

5. 应急预案评估和修订

应急预案编制单位应当建立应急预案定期评估制度,对预案内容的针对性和实用性进行分析,并对应急预案是否需要修订作出结论。应急预案评估可以邀请相关专业机构或者有关专家、有实际应急救援工作经验的人员参加,必要时可以委托安全生产技术服务机构实施。按照《生产安全事故应急预案管理办法》规定,危险货物道路运输企业应当每3年进行一次应急预案评估。

有下列情形之一的,应急预案应当及时修订并归档:

(1)依据的法律、法规、规章、标准及上位预案中的有关规定发生重大变化的;

(2)应急指挥机构及其职责发生调整的;

(3)安全生产面临的风险发生重大变化的;

(4)重要应急资源发生重大变化的;

(5)在应急演练和事故应急救援中发现需要修订预案的重大问题的;

(6)编制单位认为应当修订的其他情况。

如果修订涉及组织指挥体系与职责、应急处置程序、主要处置措施、应急响应分级等内容变更的,修订工作应当参照《生产安全事故应急预案管理办法》规定的应急预案编制程序进行,并按照有关应急预案报备程序重新备案。

四、应急救援

根据《企业安全生产标准化基本规范》要求,道路运输企业在发生生产安全事故后,应当立即启动生产安全事故应急预案,并采取下列一项或者多项应急救援措施,按照国家有关规定向有关部门报告事故情况:

(1)发出警报,迅速阻断或隔离危险源,组织抢救遇险人员;
(2)根据事故危害程度,组织现场人员撤离或者采取可能的应急措施后撤离;
(3)及时通知可能受到事故影响的单位和人员;
(4)采取必要措施,防止事故危害扩大和次生、衍生灾害发生;
(5)根据需要请求邻近的应急救援队伍参加救援,并向参加救援的应急救援队伍提供相关技术资料、信息和处置方法;
(6)维护事故现场秩序,保护事故现场和相关证据;
(7)法律、法规规定的其他应急救援措施。

应急救援队伍接到有关人民政府及其部门的救援命令或者签有应急救援协议的生产经营单位的救援请求后,应当立即参加生产安全事故应急救援(注意:应急救援队伍根据救援命令参加生产安全事故应急救援所耗费用,由事故责任单位承担;事故责任单位无力承担的,由有关人民政府协调解决)。

五、评估总结

完成险情或事故应急处置后,道路运输企业应主动配合有关部门对应急救援工作进行评估总结。

第2节 事故调查处理

道路运输企业要根据《生产安全事故报告和调查处理条例》《〈生产安全事故报告和调查处理条例〉罚款处罚暂行规定》《道路运输行业行车事故统计报表制度》有关要求,规范企业生产安全事故管理工作,减少事故损失。

一、事故的概念及分类

1. 生产安全事故的概念

生产安全事故,是指生产经营单位在生产经营活动中突然发生的,造成人员伤亡或经济损失,导致原生产经营活动中止或终止的意外事件。

2. 生产安全事故等级划分

根据《生产安全事故报告和调查处理条例》,生产安全事故分为4个等级,具体等级划分见表4-1。

生产安全事故等级划分　　　　　　　表4-1

事故等级	死亡人数	重伤人数	直接经济损失
一般事故	3人以下	10人以下	1000万元以下损失
较大事故	3人以上10人以下	10人以上50人以下	1000万元以上5000万元以下损失
重大事故	10人以上30人以下	50人以上100人以下	5000万元以上1亿元以下损失
特别重大事故	30人以上	100人以上	1亿元以上损失

注:"以上"包括本数,"以下"不包括本数;重伤包括急性工业中毒;死亡人数、重伤人数及经济损失满足任意一项,即认定为相应等级的事故。

二、事故调查处理中的违规行为及法律责任

《安全生产法》《生产安全事故罚款处罚规定(试行)》规定,主要负责人及相关责任人、事故发生单位在事故报告和处理过程中违法规定应承担的法律责任如下:

1. 事故发生单位主要负责人及相关责任人的罚款规定

(1)事故发生单位主要负责人有下列行为之一的,依照下列规定处以罚款:

①在事故发生后不立即组织事故抢救的,处上一年年收入100%的罚款;

②迟报事故的,处上一年年收入60%~80%的罚款;

③漏报事故的,处上一年年收入40%~60%的罚款;

④在事故调查期间擅离职守的,处上一年年收入80%~100%的罚款。

(2)事故发生单位主要负责人未依法履行安全生产管理职责,导致事故发生的,依照下列规定处以罚款:

①发生一般事故的,处上一年年收入30%的罚款;

②发生较大事故的,处上一年年收入40%的罚款;

③发生重大事故的,处上一年年收入60%的罚款;

④发生特别重大事故的,处上一年年收入80%的罚款。

(3)事故发生单位的主要负责人及直接负责的主管人员和其他直接责任人员有下列行为之一的,依照下列规定处以罚款:

①伪造、故意破坏事故现场,或者转移、隐匿资金、财产、销毁有关证据、资料,或者拒绝接受调查,或者拒绝提供有关情况和资料,或者在事故调查中作伪证,或者指使他人作伪证的,处上一年年收入80%~90%的罚款;

②谎报、瞒报事故或者事故发生后逃匿的,处上一年年收入100%的罚款。

2. 事故发生单位的罚款规定

(1)事故发生单位对一般事故发生负有责任的,依照下列规定处以罚款:

①事故发生单位对一般事故负有责任的,处 20 万元以上 50 万元以下的罚款;

②事故发生单位对一般事故负有责任且有谎报或者瞒报事故情节的,处 50 万元的罚款。

(2)事故发生单位对较大事故发生负有责任的,依照下列规定处以罚款:

①造成 3 人以上 6 人以下死亡,或者 10 人以上 30 人以下重伤,或者 1000 万元以上 3000 万元以下直接经济损失的,处 50 万元以上 70 万元以下的罚款;

②造成 6 人以上 10 人以下死亡,或者 30 人以上 50 人以下重伤,或者 3000 万元以上 5000 万元以下直接经济损失的,处 70 万元以上 100 万元以下的罚款。

事故发生单位对较大事故发生负有责任且有谎报或者瞒报情节的,处 100 万元的罚款。

(3)事故发生单位对重大事故发生负有责任的,依照下列规定处以罚款:

①造成 10 人以上 15 人以下死亡,或者 50 人以上 70 人以下重伤,或者 5000 万元以上 7000 万元以下直接经济损失的,处 100 万元以上 300 万元以下的罚款;

②造成 15 人以上 30 人以下死亡,或者 70 人以上 100 人以下重伤,或者 7000 万元以上 1 亿元以下直接经济损失的,处 300 万元以上 500 万元以下的罚款。

事故发生单位对重大事故发生负有责任且有谎报或者瞒报情节的,处 500 万元的罚款。

(4)事故发生单位对特别重大事故发生负有责任的,依照下列规定处以罚款:

①造成 30 人以上 40 人以下死亡,或者 100 人以上 120 人以下重伤,或者 1 亿元以上 1.2 亿元以下直接经济损失的,处 500 万元以上 1000 万元以下的罚款;

②造成 40 人以上 50 人以下死亡,或者 120 人以上 150 人以下重伤,或者 1.2 亿元以上 1.5 亿元以下直接经济损失的,处 1000 万元以上 1500 万元以下的罚款;

③造成 50 人以上死亡,或者 150 人以上重伤,或者 1.5 亿元以上直接经济损失的,处 1500 万元以上 2000 万元以下的罚款。

事故发生单位对特别重大事故负有责任且有下列情形之一的,处 2000 万元的罚款:

①谎报特别重大事故的;

②瞒报特别重大事故的;

③未依法取得有关行政审批或者证照擅自从事生产经营活动的;

④拒绝、阻碍行政执法的;

⑤拒不执行有关停产停业、停止施工、停止使用相关设备或者设施的行政执法指令的;

⑥明知存在事故隐患,仍然进行生产经营活动的;

⑦1 年内已经发生 2 起以上较大事故,或者 1 起重大以上事故,再次发生特别重大事故的。

三、事故报告

根据《道路交通安全生产法》《生产安全事故报告和调查处理条例》《道路运输行业行车事故统计报表制度》等有关规定和要求,道路运输企业应建立内部事故调查和处理制度,按照有关规定、行业标准和国际通行做法,将造成人员伤亡(轻伤、重伤、死亡等人身伤害和急性中毒)和财产损失的事故纳入事故调查和处理范畴。通过制度,明确事故报告的责任人、程序、时限、内容等,并教育、指导从业人员严格按照规定程序,及时报告事故。

对于道路运输企业而言,最常见的事故主要是行车安全事故。

1. 在发生行车安全事故后,驾驶员应采取如下紧急措施

(1)应急处置。一是立即停车。发生各类行车事故后,不要惊慌失措,要保持冷静,当事人在确保安全、减轻或不扩大事故危害的前提下立即停车。二是立即抢救伤员和物资,停车后应首先检查有无伤亡人员,如有死亡人员,确属当场死亡而无丝毫抢救希望者,应原地不动,用草席、篷布、塑料布等物覆盖。如有受伤人员,应拦截过往车辆,送就近医院抢救,同时要用白灰、石头、绳索等将伤员倒地位置描出。若无人员伤亡时,应迅速抢救物资和车辆。如属贵重物资或危险物品,继续滞留现场会造成更大损失或危险时,应及时组织抢救转移,同时应标出物体的位置。如属一般物资,可以待现场处理完毕后再行处置。三是妥善保护事故现场以及相关证据。现场保护的内容有:肇事车停止位置,伤亡人员倒地位置,各种碰撞碾压的痕迹,车辆制动拖痕,血迹及其他散落物品均属保护内容。现场保护方法是:寻找现场周围的便利器材,如石灰、粉笔、砖石、树枝、木杆、绳索等。设置保护警戒线,禁止无关人员和车辆进入。对于过往车辆,应指挥其在不破坏现场的情况下,从旁边或绕道通行,实在无法通过或车辆通行可能使现场受到破坏和危及安全时,可以暂时封闭现场,中断交通,待交警对现场勘察完毕后再行疏通。

(2)报告事故。在抢救伤员、保护现场的同时,应及时亲自或委托他人第一时间向事故发生地公安交警部门报告事故情况,并及时向本单位负责人报告事故情况。情况紧急时,驾驶员可以直接向事故发生地县级以上安监、公安、交通运输等部门报告事故情况。

2. 在收到事故报告后,道路运输企业应采取如下紧急措施

(1)按照规定程序、内容,企业负责人应当在事故发生后1h内向事故发生地和单位所属地县级以上安监、公安、交通运输等部门报告事故情况。事故报告应当包括如下内容:

①事故发生单位概况;

②事故发生的时间、地点以及事故现场情况;

③事故的简要经过;

④事故已经造成或者可能造成的伤亡人数(包括下落不明的人数)和初步估计的

直接经济损失；

⑤已经采取的措施；

⑥其他应当报告的情况。

另外要注意，自事故发生之日起 30 日内，事故造成的伤亡人数发生变化的，应当及时补报；道路交通事故自发生之日起 7 日内，事故造成的伤亡人数发生变化的，应当及时补报。

（2）在向政府有关部门报告事故的同时，道路运输企业负责人应根据事故危害程度，及时启动应急预案或采取有效措施，公司领导应在第一时间赶赴现场，组织指挥事故处理。

（3）进入事故现场后，应积极组织抢救伤员，尽力减少和减轻事故的损失。协助公安机关处理、清点事故现场，了解事故现场情况及有关数据（如碰撞部位、运行线路、撞击点位置、制动拖印等）。对伤亡、损失程度、受害、受伤者性别、年龄、地址、职业、家庭情况做好详细记录，并及时逐级汇报。

（4）根据情况尽可能与事故当事人或乘务员、旅客等见面，进一步了解事故的经过和一些细节。条件允许应请当事人及时作书面陈述，掌握第一手资料。

（5）及时请求当地政府部门的帮助和支持，配合所在医院展开抢救伤员的工作，力争将人员伤亡降低到最低程度。

（6）配合公安部门及时联系和通知伤亡人员的家属和有关人员，做好相应的接待和安抚工作。负责安排好车辆、住宿等，协助伤亡人员家属认领、火化等有关后事，并及时汇报。

（7）对事故肇事的当事人采取必要的隔离措施。做好其家庭人员、地址、亲属相关信息的保密工作，以防出现意外情况和造成不必要的矛盾。

（8）根据事故伤亡人员的病情，会同有关部门拿出一个医疗费的预算范围。及时将抢救伤员的资金落实到位，做好保障工作。

（10）掌握事故的大体情况后，及时向投保保险公司通报，要求保险公司参与事故处理的定损和赔偿工作。

（11）应根据《交通运输企业安全生产标准化建设基本规范》《道路旅客运输企业管理规范》《汽车客运站安全生产规范》等要求，及时召开安全生产分析会，对事故当事人进行责任调查。同时要不断总结重、特大行车事故经验教训，不断采取新的方法和手段，特别是高科技技术的运用，坚持事故发生后"四不放过"原则，进一步落实防范措施，恢复正常的生产秩序。

四、事故调查

《生产安全事故报告和调查处理条例》规定，特别重大事故由国务院或者国务院授权有关部门组织事故调查组进行调查，重大事故、较大事故、一般事故分别由事故发生地省级人民政府、设区的市级人民政府、县级人民政府负责调查。

对于道路运输企业而言,应根据事故等级,积极配合有关人民政府开展事故调查。事故调查期间,企业负责人和有关人员不得擅离职守,并应当随时接受事故调查组的询问,如实提供有关情况。另一方面,应及时成立事故调查组,明确其职责与权限,调查事故发生的时间、经过、原因、波及范围、人员伤亡情况及直接经济损失等,对事故当事人的聘用、培训、评价、上岗以及安全管理等情况进行责任倒查,并根据有关证据、资料,分析事故的直接、间接原因和事故责任,提出应吸取的教训、整改措施和处理建议,编制事故调查报告。

五、事故处理

在事故处理环节,道路运输企业的主要工作如下:

(1)根据负责事故调查的人民政府的批复,对本单位负有事故责任的人员进行处理。

(2)开展事故案例警示教育活动,认真吸取事故教训,落实防范和整改措施,防止类似事故再次发生。

六、事故分析

道路运输企业要定期撰写事故统计分析报告,主要包括如下内容:

(1)事故总体情况分析。对统计周期内的安全形势进行总结,并对事故数量及造成的死亡人数、受伤人数、经济损失等指标情况进行同比分析和环比分析。

(2)事故详细情况分析。主要从事故车籍所在地、事故发生路段等级、事故形态、时间分布、车辆类型、运输线路类型等几个方面来展开分析,计算不同道路等级、不同时间周期、不同事故形态、不同车型、运输线路事故数量及造成的死亡人数、受伤人数、经济损失等指标占周期内所有事故的比例,并进行同比和环比分析。

(3)原因分析。计算不同事故原因造成的事故数量及事故造成的死亡人数、受伤人数、经济损失等指标占统计周期内所有事故的比例,并进行同比和环比分析。

(4)趋势分析。根据历史统计数据的走势,选择合适的数学方法和模型,对下一个统计周期的事故数量及事故造成的死亡人数、受伤人数、经济损失等指标进行预测。

(5)对策和建议。根据数据分析结果,提出针对性的安全措施和建议,为下一个统计周期的事故数量及造成的死亡人数、受伤人数、经济损失等指标进行预测。

第 5 章 重点道路运输企业安全生产管理

危险货物道路运输、道路旅客运输、汽车客运站这三类企业长期以来是我国道路运输安全管理的重点。《道路运输安全生产工作计划(2018—2020年)》明确提出,要强化重点领域运输安全规范化管理,道路客运企业要严格落实安全基础保障、驾驶员管理、车辆管理、动态监控、运输组织、风险管控和隐患排查等管理要求。特别是加强旅游包车、长途客运的安全管理;危险货物道路运输企业要严格执行《危险货物道路运输规则》等法规政策,加强危货运输车辆、安全设施设备、驾驶员、押运员、事故应急处置等关键环节的安全管理,预防重特大事故发生;汽车客运站要严格落实"三不进站、六不出站"安全管理制度,加强客运安全源头管理。

第 1 节 危险货物道路运输企业安全生产管理

一、危险货物的概念及其特性

1. 危险货物的概念

危险货物,也称危险物品或危险品。《道路危险货物运输管理规定》中第三条规定:危险货物,是指具有爆炸、易燃、毒害、感染、腐蚀等危险特性,在生产、经营、运输、储存、使用和处置中,容易造成人身伤亡、财产损毁或者环境污染而需要特别防护的物质和物品。该定义是对危险货物的定性表述,强调了对危险货物的性质、危险后果及特别防护的要求。

关于危险货物的定量表述,《危险货物道路运输规则》中规定了危险货物包括符合《危险货物道路运输规则 第2部分:分类》要求,或列入《危险货物道路运输规则 第3部分:品名及运输要求索引》附录A,具有爆炸、易燃、毒害、感染、腐蚀或放射性等危险特性的物质或物品。其中明确了危险货物的范围。

2. 危险货物的分类

《道路危险货物运输管理规定》中第四条规定:危险货物的分类、分项、品名和品名编号应当按照国家标准《危险货物分类和品名编号》《危险货物品名表》执行。

在《危险货物分类和品名编号》4.1.1"类别和项别"中规定,"按危险货物具有的危险性或最主要的危险性分为9个类别。其中第1类、第2类、第4类、第5类和第6类再细分成项别"。值得注意的是类别和项别的序号并不是危险程度的顺序。具体类别和项别如下:

第1类:爆炸品。

1.1项:有整体爆炸危险的物质和物品;

1.2项:有迸射危险,但无整体爆炸危险的物质和物品;

1.3项:有燃烧危险并有局部爆炸危险或局部迸射危险或这两种危险都有,但无整体爆炸危险的物质和物品;

1.4项:不呈现重大危险的物质和物品;

1.5项:有整体爆炸危险的非常不敏感物质;

1.6项:无整体爆炸危险的极端不敏感物品。

第2类:气体。

2.1项:易燃气体;

2.2项:非易燃无毒气体;

2.3项:毒性气体。

第3类:易燃液体。

第4类:易燃固体、易于自燃的物质、遇水放出易燃气体的物质。

4.1项:易燃固体、自反应物质和固态退敏爆炸品;

4.2项:易于自燃的物质;

4.3项:遇水放出易燃气体的物质。

第5类:氧化性物质和有机过氧化物。

5.1项:氧化性物质;

5.2项:有机过氧化物。

第6类:毒性物质和感染性物质。

6.1项:毒性物质;

6.2项:感染性物质。

第7类:放射性物质。

第8类:腐蚀性物质。

第9类:杂项危险物质和物品,包括危害环境物质。

3. 危险货物的品名及编号

每类危险货物有多个条目,每个条目都对应一个联合国编号(简称 UN 编号,是由联合国危险货物运输专家委员会编制的4位阿拉伯数字编号),用以识别1种物质或物品或一类特定物质或物品。按照条目属性可将条目分为 A、B、C、D 4类,A 类为单一条目,B、C、D 类为集合条目。条目属性说明如下:

A 类:单一条目,适用于意义明确的物质或物品,包括含有若干个异构体的物质条目。

示例1:UN1090 丙酮。

示例2:UN1104 乙酸戊酯。

示例3:UN1194 亚硝酸乙酯溶液。

B 类:类属条目,适用于意义明确的一组物质或物品,不含"未另作规定的"条目。

示例4：UN1133 胶黏剂。

示例5：UN1266 香料制品。

示例6：UN2757 氨基甲酸酯农药,固体的,有毒的。

示例7：UN3101 有机过氧化物,B型,液体的。

C类："未另作规定的"特定条目,适用于一组具有某一特定化学性质或技术性质的物质或物品。

示例8：UN1477 硝酸盐,无机的,未另作规定的。

示例9：UN1987 醇类,未另作规定的。

D类："未另作规定的"一般条目,适用于一组符合一个或多个类别或项别标准的物质或物品。

示例10：UN1325 易燃固体,有机的,未另作规定的。

示例11：UN1993 易燃液体,未另作规定的。

4. 危险货物的特性

1)爆炸品的主要特性

爆炸品的特性主要体现在感度、威力和猛度、安定性3个方面。同时,3个特性也决定了爆炸品爆炸性能的强弱。

(1)感度(亦称敏感度)。感度是指爆炸品在外界作用下发生爆炸反应的难易程度。爆炸品需要外界提供一定量的能量才能触发爆炸反应,否则爆炸反应就不能进行。感度高低通常是以引起爆炸所需要的最小外界能量来表示。引起某爆炸品爆炸所需的起爆能越小,则其敏感度越高,危险性也越大。

(2)威力和猛度。威力是指炸药爆炸时的做功能力,即炸药爆炸时对周围介质的破坏能力。威力的大小主要取决于爆热(爆热是指1kg炸药爆炸所释放的能量)的大小,爆炸后气体生成量的多少以及爆温的高低。猛度,又称猛性作用,是指炸药爆炸后爆轰产物对周围物体(如混凝土、建筑物或矿石层等)破坏的猛烈程度。其大小可用爆轰压和爆速来衡量。

(3)安定性(稳定性)。爆炸品的安定性是指爆炸品在一定储存期间内,不改变自身的物理性质和化学性质的能量。爆炸品本身不稳定,即使在正常的保管条件下,也会产生某种程度的物理或化学变化。所以,长期储存不安定的爆炸品或在一定外界条件(如环境温湿度等)影响下,不仅会改变爆炸品的爆炸性能,影响正常使用,而且还可能发生燃烧和爆炸事故。

综上所述,感度和安定性是用来衡量货物起爆的难易程度,而威力和猛度则关系到一旦发生爆炸所产生的破坏效果。一般来讲,可选用爆发点低于350℃、爆速大于3000m/s、撞击感度在2%以上为爆炸性的3个主要参考数据。三者满足其一,即可认为该物质或物品具有爆炸性。

2)气体的主要特性

气体的特性主要表现在液化、物理爆炸、溶解性等方面。

(1) 气体的液化。任何气体都可以压缩,处于压缩状态的气体称为压缩气体。如果在对气体进行压缩的同时进行降温,压缩气体就会转化为液体,叫作液化气体。

气体只有将温度降低到一定程度时施加压力才能被液化。若温度超过此值,则无论怎样增大压力都不能使之液化。这个加压使气体液化所允许的最高温度,称为临界温度。不同气体的临界温度不同。气体在临界温度时,还需施加压力才能被液化,在临界温度时,使气体液化所需要的最小压力称为临界压力。

通常使用和储运的气体都在常温下进行,而且灌装气体的容器不绝热,即容器内外的温度是一样的。因而临界温度低于常温的气体是压缩气体,临界温度高于常温的气体是液化气体。无论是处于压缩状态,还是处于液化状态,气体的临界温度越低,危险性越大。

(2) 气体的物理爆炸。物质因状态或压力发生突变而形成的爆炸现象称为物理爆炸。例如,锅炉的爆炸、气体钢瓶的爆炸等。

气体要储存和运输,必须罐装在耐压容器中,根据不同气体的临界温度和临界压力,气体耐压容器所承受的内压也不同。按规定压力罐装在合乎质量要求和安全标准容器内的气体,在正常情况下不会发生危险,但当受到剧烈撞击、振动、高温、受热时,会使容器内压力骤增,该压力超过容器的耐受力时就会发生钢瓶爆炸。

因此,防止钢瓶的物理爆炸是保证气体储运安全的首要事项。储运钢瓶应远离火源,防止日晒,注意通风散热。

(3) 气体的溶解性。某些液体对某种气体有很大的溶解能力。例如氨气、氯气可以大量溶解在水里,乙炔可以大量溶解在丙酮里。利用这个性质可以储运某些不易液化或压缩的气体。溶解在溶剂中的气体称为溶解气体。

溶解有气体的溶剂受热后,气体会大量逸出,从而引起容器爆炸。特别是乙炔钢瓶,如果从火灾中抢救出来,瓶内的多孔材料可能熔结,溶剂可能挥发,钢瓶的耐受力就会失效。此时如果再用来罐装乙炔,就可能造成大事故。所以乙炔钢瓶经火烤以后就不能再使用。

利用气体在水中的溶解性,一旦发生某些容易溶于水的气体泄漏时,可以用水吸收扑救。

3) 易燃液体的主要特性

(1) 易燃液体的物理特性:

①高度挥发性。易燃液体大多是低沸点液体,在常温下就能不断地挥发。如乙醚、乙醇、丙酮和二硫化碳等的挥发性都较大,这类物质也称为挥发性液体。不少易燃液体的蒸气又较空气重,易积聚不散,特别是在低洼处所、通风不良的仓库内及封闭式货厢内易积聚产生易燃易爆的混合蒸气,造成安全隐患。

②高度流动扩散性。易燃液体的黏度一般都较小,而且大多数易燃液体的相对密度比较小,且不溶于水,会随水的流动而扩散。易燃液体还具有渗透、毛细管引力、浸润等作用,即使容器只有细微裂纹,易燃液体也会渗出容器壁外,扩大其表面积,源源不断地挥发,使空气中的蒸气浓度增高,增加了燃烧爆炸的潜在危险。

③蒸气压及受热膨胀性。热胀冷缩是物质的固有特性。液体物质的受热膨胀系数较大,加上易燃液体的易挥发性,受热后蒸气压也会增大,装满易燃液体的容器往往会造成容器胀裂而引起液体外溢。因此,易燃液体罐装时应充分注意,容器内应留有足够的膨胀余位。膨胀余位一般以体积的百分比计算。

④易积聚静电。大部分易燃液体都是电解质,如醚类、酮类、汽油、醋类、芳香烃及石油产品等。这些物质在管道、储罐、罐车、装卸、灌注、摇晃、搅拌和高速流动过程中,由于振动、摩擦的作用极易积聚静电,特别是汽车罐车运输,在灌装时的灌装流速过快也极易积聚静电。当所带的静电荷聚积到一定程度时,就会发生静电放电,引起可燃性蒸气的燃烧爆炸,后果严重。因此,装运易燃液体的罐车必须配备导除静电的装置。

(2)易燃液体的化学特性:

①高度易燃性。易燃液体的易燃性,取决于它们的化学构成。易燃液体几乎都是有机化合物,都含有碳原子和氢原子。在一定条件下(如加热、遇火等)与空气中的氧化合而引起燃烧。同时,由于这些液体的挥发性较大,因而在液面附近的蒸气浓度也较大,如遇火花即能与氧剧烈化合而燃烧。

②易爆性。易燃液体挥发成蒸气,与空气形成可燃的混合物,当气体混合物的浓度达到一定范围(即爆炸极限)时,遇明火就会燃烧和爆炸。易燃液体爆炸极限范围越宽,燃烧、爆炸的可能性越大;温度升高,易燃液体挥发量增大,易燃易爆性增大;相同温度下,易燃液体闪点越低,越易挥发,易燃易爆性越高。

③能与强酸、氧化剂剧烈反应。易燃液体遇氧化剂或具有氧化性的强酸如高锰酸钾、硫酸、硝酸会剧烈反应而自行燃烧。因此装运时,应注意易燃液体不得与强酸、氧化剂混装,或者采取有效措施隔离方可装运。

④有毒性。大多数易燃液体除具有易燃易爆的危险特性外,还具有大小不一、程度不等的毒性,其可通过皮肤、消化道或呼吸道被人体吸收而致人中毒。例如,长时间的吸入醚蒸气会使人麻醉,若深度麻醉可致人死亡。所以应把易燃液体看成和一般化学药品一样是有毒有害的。特别是挥发性较大的易燃液体,其蒸气带来的毒性更不可忽视,即使是挥发性很小的易燃液体,直接与之接触也是有害的。易燃液体蒸气浓度越大,毒性也越大。

4)易燃固体、易于自燃的物质和遇水放出易燃气体的物质的主要特性

(1)易燃固体的主要特性:

①需明火点燃。虽然本项物质燃点较低,但自燃点很高,在常温条件下不易达到,故不会自燃,需要明火点着以后,才能持续燃烧。

②高温条件下遇火星即燃。环境温度越高,物质越容易着火。当外界的温度达到物质的自燃点时,不需要明火,就会自燃。

③粉尘有爆炸性。这些物质的粉尘因与空气接触表面积大,燃烧的速度极快,遇火星即会爆炸。

④与氧化剂混合能形成爆炸品。不少混合炸药就是把易燃固体与氧化剂按一定的比例混合而成。有些易燃固体如萘、樟脑会从固态直接转化成气态,这种现象称为

升华。升华后的易燃固体的蒸气与空气混合后,具有发生爆炸的危险。

⑤遇水分解。易燃固体中有不少物质遇水会发生化学反应而被分解。如硫磷化物遇水或潮湿空气分解,会放出有毒易燃的硫化氢;氨基化钠遇水放出有毒及腐蚀性的氨气等。有这种特性的易燃固体总数并不多,危险货物品名表中对具有遇水分解特性的易燃固体都有特别的说明。

易燃固体虽然很容易发生燃烧,但是如果没有火种、热源等外因的作用,没有助燃物质(空气中的氧或氧化剂)的存在,也不容易发生燃烧。在储运过程中,易燃固体发生燃烧事故,都是由于接触明火、火花、强氧化剂,受热或受摩擦、撞击等引起。只要在储运中能严格防止上述外因作用,就可以保证安全。

(2)易于自燃物质的主要特性:

①不需受热和接触明火,会自行燃烧。此项物质暴露在空气中,与空气中的氧气接触,就会发生氧化反应,同时放出热量。当热量积聚起来,使物质升到一定的温度时,就会引起燃烧。隔绝这类物质与空气接触是储运安全的关键。

②受潮后,会增加自燃的危险性。易于自燃的物质中的油纸、油布等含油脂的纤维制品,在干燥时,由于物品的间隙大,易于散热,只要注意通风,自行缓慢氧化产生的热量不会聚积,一般不会自燃。但是,一旦受潮,产生的热量就会积聚不散,很容易发生自燃。

③大部分易于自燃的物质与水反应剧烈。易于自燃的物质会自动发热,其原因是与空气中的氧发生反应。对易于自燃的物质的储运保管中关键的防护措施是阻隔其与空气的接触。例如黄磷就存放在水中。但是,不少易于自燃的物质如三异丁基铝、三氯化三甲基铝等,遇水会发生剧烈的反应,同时放出易燃气体和热量,引起燃烧。所以采取何种措施阻隔易于自燃的物质与空气的接触要根据具体品名而定。

④接触到氧化剂立即发生爆炸。易于自燃的物质的还原性很强,在常温下即能与空气中的氧发生反应。如果接触到氧化剂会立即发生强烈的氧化还原反应,发生爆炸。

(3)遇水放出易燃气体的物质的主要特性:

①遇水(受潮)燃烧性。此项物质化学特性极其活泼,遇水(包括受湿、酸类和氧化剂)会引起剧烈化学反应,放出可燃性气体和热量。当这些可燃性气体和热量达到一定浓度或温度时,能立即引起自燃或在明火作用下引起燃烧。

②爆炸性。遇水放出易燃气体的物质的碳化钙(电石)等物品,会与空气中的水分发生反应,生成可燃性气体。放出的可燃性气体与空气混合达到一定量时,遇明火即有引起爆炸的危险。

③毒害性。遇水放出易燃气体的物质均有较强的吸水性,与水反应后生成强碱和毒性气体,人体接触后,能使皮肤干裂、腐蚀并致人中毒。

④自燃性。主要是硼氢类物质和化学性质极其活泼的金属及其氢化物(在空气中暴露时)能发生自燃。

综上所述,虽然按燃烧的不同条件把第4类危险货物分为三项,每项货物都有其具体的特征,但它们的共同危险特征是具有易燃性、腐蚀性、毒害性和爆炸性。

5）氧化性物质和有机过氧化物的主要特性

（1）氧化性物质的主要特性：

①氧化性。这是氧化性物质的主要特性。在其分子组成中含有高价态的原子或过氧基。高价态原子有极强的夺取电子能力，过氧基能直接释放出游离态的氧原子，两者都具有极强的氧化性。

②不稳定性，受热易分解。不少氧化性物质的分解温度小于500℃，这些物质经摩擦、撞击或接触明火，局部温度升高就会分解释放出氧，促使可燃物燃烧。

③化学敏感性。氧化剂与还原剂、有机物、易燃物品或酸等接触时，有的能立即发生不同程度的化学反应。如氯酸钾或氯酸钠与蔗糖或淀粉接触，高锰酸钾与甘油或松节油接触，都能引起燃烧或爆炸。这些氧化剂着火时，也不能用泡沫和酸碱灭火器扑救。

④强氧化剂与弱氧化剂作用的分解性。氧化性物质的氧化能力有强有弱，相互混合后也可引起燃烧爆炸，如硝酸铵和亚硝酸钠等。因此，氧化性弱的不能与比它们氧化性强的氧化性物质一起储运，应注意分隔。

⑤与水作用分解性。有些氧化剂，特别是过氧化钠、过氧化钾等活泼金属的过氧化物，遇水或吸收空气中的水蒸气和二氧化碳时，能分解放出原子氧，致使可燃物质燃爆。所以，这类氧化性物质在储运中，要严密包装，防止受潮、雨淋。着火时禁止用水扑救，也不能用二氧化碳扑救。

⑥腐蚀毒害性。绝大多数氧化性物质都具有一定的毒害性和腐蚀性，能毒害人体，烧伤皮肤。如二氧化铬（铬酸）既有毒害性又有腐蚀性，故储运这类物品时应注意安全防护。

（2）有机过氧化物的主要特性：

①不稳定，易分解。有机过氧化物在正常温度或高温下，比无机氧化物更易放热分解。分解可因受热、与杂质（如酸、重金属化合物、胺）接触、摩擦或碰撞而引起。分解速度随着温度增加，并随有机过氧化物配制品而不同。这一特性可通过添加稀释剂或使用适当的容器加以改变。

②有很强的氧化性。

③易燃性。有机过氧化物本身是易燃的，而且燃烧迅速，分解产物为易燃、易挥发气体，易引起爆炸。

④对热、振动或摩擦极为敏感。有机过氧化物中的过氧基（-O-O-）是极不稳定的结构，对热、振动、碰撞、冲击或摩擦都极为敏感，当受到轻微的外力作用时就有可能发生分解爆炸。所以，某些有机过氧化物在运输时必须控制温度，其允许安全运输的最高温度即为控制温度。

⑤伤害性。有些有机过氧化物，即使短暂地接触，也会对角膜造成严重的伤害，或者对皮肤具有腐蚀性。应当避免眼睛与有机过氧化物接触。

6）毒性物质和感染性物质的主要特性

（1）毒性物质的危险特性：

①有机毒性物质具有可燃性。有机毒性物质遇明火、高热或与氧化剂接触会燃烧

爆炸,燃烧时会放出毒性气体,加剧毒性物质的危险性。毒性物质中的有机物都是可燃的,其中还有不少液体的闪点低于61℃,达到易燃液体的标准。

②遇酸或水反应放出有毒气体。如氰化钾能与盐酸发生反应,生成毒性更强的氰化氢气体,气体更容易通过呼吸道中毒。因此,氰化物不得与酸性腐蚀性物质配装。

氰化物还能与水发生反应生成有毒的气体。如氰化钾与水反应放出氨气(NH_3)。氨气虽然也是一种毒气,但其毒性要比氰化钾弱得多。两害取其微,故氰化钾泄漏污染时,可用水来分解,不过要小心不得使氰化钾的水溶液溅在人身上,否则会加速中毒。

必须指出,并不是所有遇水反应放出有毒气体的毒性物质都像氰化钾(氰化物)一样,反应生成有毒气体的毒性比反应前的毒性物质的弱。如氟化砷遇水发生反应放出的有毒气体是氟化氢,其危害性就比液体状的氟化砷要大得多。

③腐蚀性。有不少毒性物质对人体和金属有较强的腐蚀性,会强烈刺激皮肤和黏膜,甚至发生溃疡加速毒物经皮肤的入侵。

(2)感染性物质的危险特性:

感染性物质包括已知或可能含有病原体的物质。病原体是会造成人类或动物感染疾病的微生物(包括细菌、病毒、立克次氏体、寄生虫、真菌)和其他媒介,如病毒蛋白。符合此项条件的转基因微生物及生物、生物制品、诊断标本和受感染的活体动物,都应该划入6.2项。取自植物、动物或细菌源的毒素,如果不含有任何感染性物质,应划入6.1项。感染性物质可根据其特性划分为4个不同组别,即影响人类的感染性物质、只影响动物的感染性物质、医疗废物和生物物质。

感染性物质的危险特性在于其使人或动物感染疾病或其毒素能引起病态,甚至死亡。这类物质在运输过程中一定要注意安全。托运人应保证感染性物质包装件在运输过程中始终处于良好状态,并且在运输过程中对人或动物都不构成危险。

7)放射性物质的主要特性

(1)放射性。放射性物质是指能够自发地、不断地向周围放出穿透力很强,而人的感觉器官不能察觉的射线的物质。放射性物质的主要危险特性在于其放射性。其放射性强度越大,危险性也越高。放射性物质所放出的射线可分为α射线、β射线、γ射线、中子流4种。α射线的电本领很强,进入人体会引起较大的伤害;β射线穿透力强、射程长,外照射情况下危险性大;γ射线能破坏人体细胞,造成对肌体的伤害;中子流中的快中子能量高,射程大,穿透力强,危害大,通常可用水、石蜡和其他碳氢化物、水泥等比较轻的物质使快中子减速。

(2)易燃性。放射性物质除具有放射性外,多数具有易燃性,且有的燃烧十分强烈,甚至引起爆炸。如独居石遇明火能燃烧;金属钍在空气中280℃时可着火;粉状金属铀在200~400℃时有着火危险;硝酸铀、硝酸钍等遇高温分解,遇有机物、易燃物都能引起燃烧,且燃烧后均可形成放射性灰尘,污染环境,危害人体健康;硝酸铀的醚溶液在阳光的照射下能引起爆炸。

(3)氧化性。有些放射性物质不仅具有易燃性,而且大部分兼有氧化性。如硝酸铀、硝酸钍、硝酸铀酰(固体)、硝酸铀酰六水合物溶液等都具有强氧化性,遇可燃物可引起着火或爆炸。

8)腐蚀性物质的主要特性

腐蚀性物质是化学性质非常活泼的物质,能与很多金属、非金属及动、植物有机体等发生化学反应。腐蚀性物质不仅具有腐蚀性,很多腐蚀性物质同时还具有毒性、易燃性或氧化性等性质中的一种或数种。

(1)腐蚀性。腐蚀是物质表面与腐蚀性物质接触后,发生化学反应而受到破坏的现象。

①对人体的腐蚀(化学烧伤或化学灼伤)。具有腐蚀性的固体、液体、气体或蒸气都会对皮肤表面或器官的表面(如眼睛、食道等)产生化学烧伤。固体腐蚀性物质如氢氧化钠等,能烧伤与之直接接触的表皮。液体腐蚀性物质则能很快侵害人体的大部分表面积,并能透过衣物发生作用。气体腐蚀性物质虽然不多,但许多液体腐蚀性物质的蒸气和粉末状固体腐蚀性物质的粉尘,同样具有严重的腐蚀性,不仅能伤害人体的外部皮肤,尤其会侵害呼吸道和眼睛。

②对物质的腐蚀。腐蚀性物质中的酸、碱甚至盐都能不同程度地对金属进行腐蚀。它们会腐蚀车厢及设备等。即使这些金属物质不直接与腐蚀性物质接触,也会因腐蚀性物质蒸气的作用而锈蚀。有机物质如木材、布匹、纸张和皮革等也会被碱、酸腐蚀。腐蚀性物质甚至能腐蚀水泥建筑物,撒漏于水泥地上的盐酸,能把光滑的地面腐蚀成为麻面。撒漏的硫酸不加水稀释流入下水道,会使水泥制的下水道毁坏。氢氟酸甚至能腐蚀玻璃。

(2)毒性。腐蚀性物质中有很多物质还具有不同程度的毒性,如五溴化磷、偏磷酸、氢氟硼酸等。特别是具有挥发性的腐蚀性物质,如发烟硫酸、发烟硝酸、浓盐酸、氢氟酸等,能挥发出有毒的气体和蒸气,在腐蚀肌体的同时,还能引起中毒。

(3)易燃性和可燃性。有机腐蚀性物质具有可燃性。这是所有有机物的通性,是它们本身的化学构成所决定的。其中有很多有机腐蚀性物质闪点很低,如冰醋酸,闪点40℃;醋酸酐,闪点54℃,遇明火会引起燃烧。有些强酸强碱的腐蚀性物质,在腐蚀金属的过程中能放出可燃的氢气。当氢气在空气中占一定的比例时,遇高热、明火即燃烧,甚至引起爆炸。

(4)氧化性。腐蚀性物质中的含氧酸大多是强氧化剂。它们本身会分解释放出氧,如硝酸暴露在空气中就会分解产生氧气,或在与其他物质作用时,夺得其电子将其氧化。

一方面,强氧化剂与可燃物接触时,即可引起燃烧,如硝酸、硫酸、高氯酸等,与松节油、食糖、纸张、炭粉、有机酸等接触后,即可引起燃烧甚至爆炸。另一方面,氧化性有时也可被利用。如浓硫酸和浓硝酸的强氧化性能使铁、铝金属在冷的浓酸中被氧化,在金属表面生成一层致密的氧化物薄膜,保护了金属,这种现象称为"钝化"。根据这一特点,对运输浓硫酸可采用铁制容器或铁罐车装运,用铝制容器盛放浓硝酸。

(5)遇水反应性。腐蚀性物质中很多物质遇水会发生反应,并放出大量的热量。遇水反应的腐蚀性物质都能与空气中的水汽反应而发烟(实质是雾,习惯上称烟),其对人的眼睛、咽喉和肺部均有强烈刺激作用,且有毒。由于反应剧烈,并同时放出大量热量,当满载这些物质的容器遇水后,则可能因漏进水滴而猛烈反应,使容器炸裂。

9)杂项危险物质和物品,包括危害环境物质的主要特性

本类是指存在危险但不能满足其他类别定义的物质和物品,包括:

(1)以微细粉尘吸入可危害健康的物质,如 UN2212、UN2590;

(2)会放出易燃气体的物质,如 UN2211、UN3314;

(3)锂电池组,如 UN3090、UN3091、UN3480、UN3481;

(4)救生设备,如 UN2990、UN3072、UN3268;

(5)一旦发生火灾可形成二噁英的物质和物品,如 UN2315、UN3432、UN3151、UN3152;

(6)在高温下运输或提交运输的物质,是指在液态温度达到或超过100℃,或固态温度达到或超过240℃条件下运输的物质,如 UN3257、UN3258;

(7)危害环境物质,包括污染水生环境的液体或固体物质,以及这类物质的混合物(如制剂和废物),如 UN3077、UN3082;

(8)不符合6.1项毒性物质或6.2项感染性物质定义的经基因修改的微生物和生物体,如 UN3245;

(9)其他,如 UN1841、UN1845、UN1931、UN1941、UN1900、UN2071、UN2216、UN2807、UN2969、UN3166、UN3171、UN3316、UN3334、UN3335、UN3359、UN3363。

二、危险货物包装

危险货物道路运输包装是指采用一定的材料和技术,对危险货物施加一种保护性措施,以保证其在运输过程中完好无损。对确保运输安全及人民生命财产安全有重大意义。道路运输企业在接受(收)托运人运输任务时,应对危险货物的包装进行认真查验,对不符合规范要求的包装应要求更换,以保障运输安全。

根据《中华人民共和国合同法》《危险化学品安全管理条例》《道路危险货物运输管理规定》《危险货物道路运输安全管理办法》等相关法律法规的规定,危险货物托运人负责危险货物的运输包装,并对包装是否符合国家规定负有法定职责。

《道路危险货物运输管理规定》第二十九规定:危险货物托运人应当严格按照国家有关规定妥善包装并在外包装设置标志,并向承运人说明危险货物的品名、数量、危害、应急措施等情况。需要添加抑制剂或者稳定剂的,托运人应当按照规定添加,并告知承运人相关注意事项。危险货物托运人托运危险化学品的,还应当提交与托运的危险化学品完全一致的安全技术说明书和安全标签。

《危险货物道路运输安全管理办法》规定:托运人应当按照《危险货物道路运输规则》规定,妥善包装危险货物,并在外包装设置相应的危险货物标志。

对于危险货物道路运输企业而言,要了解危险货物的运输包装知识,以便在承运时,辨别、确认其包装是否符合国家规定。

1. 危险货物道路运输包装的作用

危险货物的危险性主要取决于其自身的理化性质,同时也要受到外界条件的影响,如温度、雨雪水、机械作用以及不同性质货物之间的影响。对于危险货物运输包装来说,除了一般的经济学、市场营销学上的意义外,还具有如下重要的作用:

(1)能够防止被包装的危险货物因接触雨雪、阳光、潮湿空气和杂质而使货物变质,或发生剧烈化学反应所造成的事故;

(2)可以减少货物在运输过程中所受到的碰撞、振动、摩擦和挤压,使危险货物在包装的保护下保持相对稳定状态,从而保证运输过程的安全;

(3)可以防止因货物撒漏、挥发以及与性质相悖的货物直接接触而发生事故或污染运输设备及其他货物的事情发生;

(4)便于储运过程中的堆垛、搬动、保管,提高车辆生产率、运送速度和工作效率;

(5)可以防止放射性物质放出的射线对人体的内照射和外照射所造成的危害。

2. 危险货物道路运输包装的类别

《危险货物分类和品名编号》将除了第1类、第2类、第7类、5.2项和6.2项物质,以及4.1项自反应物质以外的物质,根据其危险程度,划分为3个包装类别:

Ⅰ类包装:具有高度危险性的物质;

Ⅱ类包装:具有中等危险性的物质;

Ⅲ类包装:具有轻度危险性的物质。

每种物质划分的包装类别见《危险货物道路运输规则 第3部分:品名及运输要求索引》表A.1第(4)列。对于物品则无须划分包装类别。

《危险货物道路运输规则 第3部分:品名及运输要求索引》表A.1第(8)列和第(9a)列标明了物品或物质适用的包装指南及其特殊包装规定的代码,代码的含义见《危险货物道路运输规则 第4部分:运输包装使用要求》的附录A,有关包装的代码和标记要求见《危险货物道路运输规则 第4部分:运输包装使用要求》附录B。

3. 危险货物道路运输包装的分类

危险货物道路运输包装的分类方法主要有以下3种:

(1)按危险货物的物质种类分类。危险货物自身的理化性质客观上决定了包装的特殊要求,按照危险货物的物种划分,一般可分为通用包装、爆炸品专用包装、气体(气瓶)专用包装、腐蚀性物质包装、特殊物品的专用包装5类。

(2)按危险货物的包装材料分类。按危险货物使用的包装材料分类,一般可分为木制包装、金属制包装、纸制包装、玻璃陶瓷制包装、棉麻织品制包装、塑料制包装和编制材料包装等。

(3)按危险货物的包装类型分类。按危险货物包装容器类型一般可分为桶(罐)类、箱类、袋类、坛类、筐篓类以及复合包装等多种。

在以上3种包装分类方法中,以包装类型分类为最主要的分类方法,主要可归纳为桶、箱、袋3大类。

4.危险货物运输包装标志的分类和内容

货物运输包装标志,是指用图形或文字(文字说明、字母标记或阿拉伯数字)在货物运输包装上制作的特定记号和说明事项。运输包装标志一般可以分为识别标志、包装储运图示标志和危险货物包装标志3类。

(1)识别标志。识别标志是识别不同运输批次之间的标志,主要包括主要标志;目的地标志;批数、件数号码标志;输出地标志;货物的品名、质量和体积标志;运输号码标志;附加标志。

(2)包装储运图示标志。包装储运图示标志是根据货物对易碎、易残损、易变质、怕热、怕冻等有特殊要求所提出的搬运、储存、保管以及运输安全等的注意事项。《包装储运图示标志》分为易碎物品、禁用手钩、向上、怕晒、怕辐射、怕雨、重心、禁止翻滚、此面禁用手推车、禁用叉车、由此夹起、此处不能卡夹、堆码质量极限、堆码层数极限、禁止堆码、由此吊起、温度极限共17种,详细标志如图5-1所示。

图5-1 包装储运图示标志

(3)危险货物包装标志。危险货物包装标志的制定是以危险货物的分类为基础,以便于根据货物或包件所贴的标志的一般形式(标志图案、颜色、形状等),识别出危险货物及其特性,并为装卸、搬运、储运提供基本指南。国家标准《危险货物包装标志》规定危险货物包装标志分为标记和标签两类,其中标记4个,标签26个,其图形分别标示了9类危险货物的主要特性,具体图案可参见《危险货物包装标志》。

其中标记分为:危害环境物质和物品标记、方向标记、高温运输标记3种,共4个,具体如图5-2~图5-4所示。

(符号:黑色,底色:白色)

图5-2 危害环境物质和物品标记

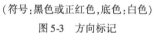

(符号:黑色或正红色,底色:白色)　　(符号:正红色,底色:白色)

图5-3 方向标记　　　　　　　图5-4 高温运输标记

标签共分为9类,共26个,其图形分别标示了9类危险货物的主要特性,具体如图5-5所示。

图 5-5

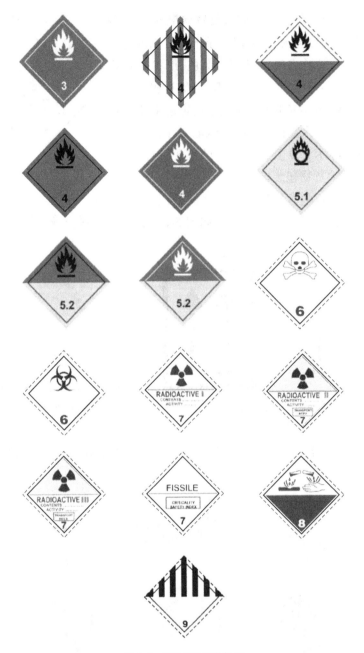

图 5-5　危险货物包装标签

三、车辆及装备管理

1.危险货物道路运输车辆的类型和选项要求

(1)危险货物道路运输车辆的类型。危险货物道路运输车辆是指危险货物运输货车及设计和制造用于运输危险货物的半挂车及半挂汽车列车。按照《危险货物道路运输营运车辆安全技术条件》(JT/T 1285—2020)的规定,将危险货物运输车辆的类型分为 EX/Ⅱ、EX/Ⅲ、FL、OX、AT 及 CT 型等类型。

EX/Ⅱ、EX/Ⅲ型车辆:用于运输爆炸品且载配额符合 GB 21668 要求的危险货物运输车辆。

FL 型车辆:用于运输易燃气体、闪点不高于 60℃的易燃液体、满足《车用柴油》规定的车用柴油或列入联合国编号 UN1202 的油品的危险货物运输车辆,其载货容器为罐式车辆罐体、罐式集装箱或可移动罐柜,容器的容积应大于或等于 $3m^3$。

OX 型车辆:用于运输稳定的过氧化氢或其水溶液(浓度大于 60%)的危险货物运输车辆,其载货容器为罐式车辆罐体、罐式集装箱或可移动罐柜,容器的容积应大于或等于 $3m^3$。

AT 型车辆:载货容器与 FL 型和 OX 型车辆相同的非 FL 型和 OX 型危险货物运输车辆。

CT 型车辆:不属于 EX/Ⅱ、EX/Ⅲ、FL、OX 和 AT 型的用于危险货物道路运输的车辆。

(2)危险货物道路运输车辆的选型要求:

①选型要求:

a. 针对具体危险货物,应根据《危险货物道路运输规则 第 3 部分:品名及运输要求索引》中规定的车辆类型代码来确定使用的车辆类型。若 JT/T 617.3 未指定某种危险货物适用的车辆类型代码,除相关法规和标准另有规定外,可以选用 CT 型车辆运输。

b. 运输包件的 EX/Ⅱ、EX/Ⅲ型车辆货厢应为独立式封闭结构,且满足《厢式运输车》规定的淋雨试验要求。

②车型兼容要求:

a. 罐式车辆车型兼容要求。在罐体设计满足《道路运输液体危险货物罐式车辆 第 1 部分:金属常压罐体技术要求》(GB 18564.1—2019)等标准规定的所需盛装介质安全要求的条件下,按照《危险货物道路运输规则 第 3 部分:品名及运输要求索引》确定货物所对应的车辆类型后,按照如下要求选择罐式车辆类型:

若货物所对应的车辆类型是 FL 型,可选用 FL 型车辆;

若货物所对应的车辆类型是 OX 型,可选用 OX 型或 FL 型车辆;

若货物所对应的车辆类型是 AT 型,可选用 FL 型、OX 型或 AT 型车辆。

b. 半挂牵引车车型兼容要求。

按照如下要求选择半挂牵引车类型:

若货物所对应的车辆类型是 FL 型,可选用 FL 型半挂牵引车;

若货物所对应的车辆类型是 OX 型,可选用 OX 型或 FL 型半挂牵引车;

若货物所对应的车辆类型是 AT 型或 CT 型,可选用 FL 型、OX 型、AT 型或 CT 型半挂牵引车。

2.危险货物道路运输车辆要求

1)车辆技术要求

(1)道路危险货物运输企业或者单位应当按照《道路运输车辆技术管理规定》中有关车辆管理的规定,维护、检测、使用和管理专用车辆,确保专用车辆技术状况良好。

(2)罐式专用车辆的常压罐体应当符合国家标准《道路运输液体危险货物罐式车辆 第1部分:金属常压罐体技术要求》《道路运输液体危险货物罐式车辆 第2部分:非金属常压罐体技术要求》等有关技术要求。

(3)使用压力容器运输危险货物的,应当符合国家特种设备安全监督管理部门制定并公布的《移动式压力容器安全技术监察规程》等有关技术要求。

(4)道路运输爆炸品和剧毒化学品的专用车辆应符合《道路运输爆炸品和剧毒化学品车辆安全技术条件》的技术要求。

(5)危险货物运输车辆还应当符合《危险货物道路运输规则 第5部分:托运要求》《危险货物道路运输规则 第6部分:装卸条件及作业要求》的要求。

2)车辆使用要求

危险货物道路运输企业要按照《道路危险货物运输管理规定》和《危险货物道路运输安全管理办法》等相关规定,使用安全技术条件符合国家标准要求且与承运危险货物性质、质量相匹配的车辆、设备进行运输。具体要求如下:

(1)自有专用车辆(挂车除外)5辆以上;运输剧毒化学品、爆炸品的,自有专用车辆(挂车除外)10辆以上。

(2)罐式专用车辆的罐体应当经质量检验部门检验合格,且罐体载货后总质量与专用车辆核定载质量相匹配。运输爆炸品、强腐蚀性危险货物的罐式专用车辆的罐体容积不得超过$20m^3$,运输剧毒化学品的罐式专用车辆的罐体容积不得超过$10m^3$,但符合国家有关标准的罐式集装箱除外。

(3)运输剧毒化学品、爆炸品、强腐蚀性危险货物的非罐式专用车辆,核定载质量不得超过10t,但符合国家有关标准的集装箱运输专用车辆除外。

(4)禁止使用报废的、擅自改装的、检测不合格的、车辆技术等级达不到一级的和其他不符合国家规定的车辆从事道路危险货物运输。除铰接列车、具有特殊装置的大型物件运输专用车辆外,严禁使用货车列车从事危险货物运输;倾卸式车辆只能运输散装硫黄、萘饼、粗蒽、煤焦、沥青等危险货物。禁止使用移动罐体(罐式集装箱除外)从事危险货物运输。

(5)压力容器和罐式专用车辆应当在质量检验部门出具的压力容器或者罐体检验合格的有效期内承运危险货物。

(6)不得使用罐式专用车辆或者运输有毒、感染性、腐蚀性危险货物的专用车辆运输普通货物。其他专用车辆可以从事食品、生活用品、药品、医疗器具以外的普通货物运输,但应当由运输企业对专用车辆进行消除危害处理,确保不对普通货物造成污染、损害。

(7)不得将危险货物与普通货物混装运输。如危险货物与普通货物混装,若危险货物包装出现破损,易造成对普通货物的污染,产生安全隐患。

(8)严禁危险货物运输车辆违反国家有关规定超载、超限运输。道路危险货物运输企业或者单位使用罐式专用车辆运输货物时,罐体载货后的总质量应当和专用车辆核定载质量相匹配;使用牵引车运输货物时,挂车载货后的总质量应当与牵引车的准牵引总质量相匹配。

(9)使用常压液体危险货物罐式车辆运输危险货物的,应当在罐式车辆罐体的适装介质列表范围内承运;使用移动式压力容器运输危险货物的,应当按照移动式压力容器使用登记证上限定的介质承运。

(10)运输车辆应当安装、悬挂符合《道路运输危险货物车辆标志》要求的警示标志。运输爆炸品和剧毒化学品车辆还应当安装、粘贴符合《道路运输爆炸品和剧毒化学品车辆安全技术条件》要求的安全标示牌。

3. 危险货物道路运输车辆装备要求

危险货物道路运输车辆一般要配备的装备有:标志灯和标志牌、具有行驶记录功能的卫星定位装置、导静电装置、灭火器具、用于个人防护的装备等。

1) 标志灯和标志牌

危险货物道路运输车辆应当按照国家标准《道路运输危险货物车辆标志》的要求悬挂标志。标志又分为标志灯和标志牌。危险货物道路运输车辆标志是危险货物道路运输车辆区别于其他车辆的主要标识,在危险货物运输过程中起到了重要的警示及救援参照作用,一旦发生运输安全事故,抢险救灾部门可根据标志提示,迅速确定危险货物的类别、项别,及时、正确地制订抢险方案,将事故危害降到最低程度。

(1)标志灯。标志灯按照安装方法分为3种类型:A型为磁吸式、B型为顶檐支撑式、C型为金属托架式,如图5-6~图5-8所示。其中B型、C型标志灯又按车辆载质量各分为3种型号:即BⅠ、BⅡ、BⅢ和CⅠ、CⅡ、CⅢ,分别适用于轻、中、重型载货汽车。

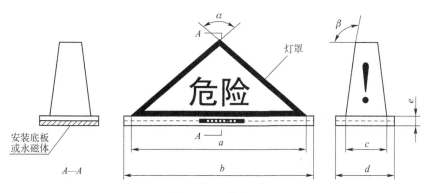

图5-6 A型标志灯

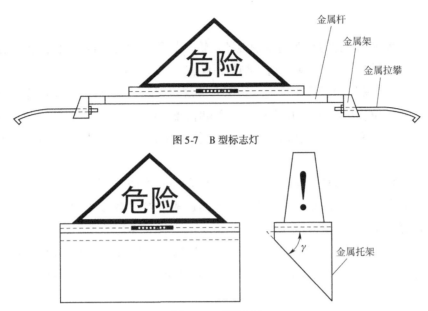

图 5-7　B 型标志灯

图 5-8　C 型标志灯

(2)标志牌。标志牌的主要功用是在行车时对后面驶近的超车车辆起警示作用，在驻车和车辆遇险时对周围人群起警示作用、对专业救援人员起指示作用。主要类型参见国家标准《道路运输危险货物车辆标志》，具体如图 5-9 所示。

2)具有行驶记录功能的卫星定位装置

《道路运输车辆动态监督管理办法》规定，危险货物运输车辆在出厂前应当安装符合标准的卫星定位装置。道路危险货物运输企业监控平台应当接入全国重点营运车辆联网联控系统，并按照要求将车辆行驶的动态信息和企业、驾驶员、车辆的相关信息逐级上传至全国道路运输车辆动态信息公共交换平台。

道路危险货物运输企业是道路运输车辆动态监控的责任主体，应当按照《中华人民共和国反恐怖主义法》和《道路运输车辆动态监督管理办法》要求，在车辆运行期间通过定位系统对车辆和驾驶员进行监控管理。

道路危险货物运输企业应当按照标准建设道路运输车辆动态监控平台，或者使用符合条件的社会化卫星定位系统监控平台，对所属道路运输车辆和驾驶员运行过程进行实时监控和管理。

3)导静电装置

根据《机动车运行安全技术条件》的要求，危险货物运输车辆的尾部应安装接地端导体截面积大于或等于 $100mm^2$ 的导静电橡胶拖地带，且拖地带接地端无论空、满载应始终接地，以避免需要排除静电时而没有接地造成意外。

4)灭火器具

根据《危险货物道路运输规则　第 7 部分：运输条件及作业要求》，危险货物运输单元(车辆)运载危险货物时，应随车携带便携式灭火器。灭火器应适用于扑救《火灾分类》中规定的 A、B、C 三类火灾。便携式灭火器的数量及容量应符合表 5-1 的规定。

运输剧毒和爆炸品的车辆灭火器数量要求应符合《道路运输爆炸品和剧毒化学品车辆安全技术条件》的规定，驾驶室内应配备1个干粉灭火器，在车辆的两边应配备与所装载介质性能相适应的灭火器1个。灭火器应在检验合格有效期内。

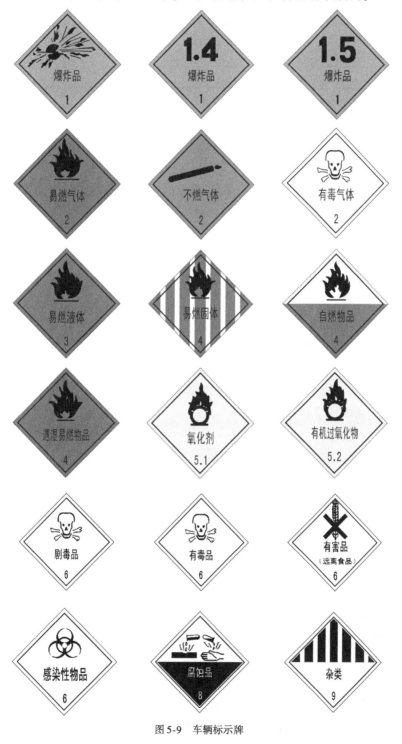

图 5-9　车辆标示牌

运输单元应携带的便携式灭火器数量及容量要求　　　　　　　　　　表 5-1

运输单元最大总质量 $M(t)$	灭火器配备最小数量（个）	适用于发动机或驾驶室的灭火器		额外灭火器	
		最小数量（个）	最小容量（kg）	最小数量（个）	最小容量（kg）
$M \leqslant 3.5$	2	1	1	1	2
$3.5 < M \leqslant 7.5$	2	1	1	1	4
$M > 7.5$	3	1	1	2	4

注：容量是指干粉灭火剂（或其他同等效用的适用灭火剂）的容量。

5）用于个人防护的装备

危险货物因其具有爆炸、易燃、毒害、感染、腐蚀等危险特性，运输车辆应当配备符合有关国家标准以及与所载运的危险货物相适应的应急处理器材和安全防护设备。

《危险货物道路运输规则　第7部分：运输条件及作业要求》规定，危险货物运输单元（车辆）运载危险货物时，应根据所运载的危险货物标志式样（包括包件标志、车辆或集装箱标志牌）选择个人防护装备。

(1)运输单元应配备的装备：

①每辆车需携带与最大允许总质量和车轮尺寸相匹配的轮挡；

②一个三角警示牌；

③眼部冲洗液（第1类和第2类除外）。

(2)运输单元应为每名车组人员配备的装备：

①反光背心；

②防爆的（非金属外表面，不产生火花）便携式照明设备；

③合适的防护性手套；

④眼部防护装备（如护目镜）。

(3)特定类别危险货物应附加的装备：

①对于危险货物危险标志式样为2.3项或6.1项，每位车组人员随车携带一个应急逃生面具，逃生面具的功能需与所装载化学品相匹配（如具备气体或粉尘过滤功能）；

②对于危险货物危险标志式样为第3类、4.1项、4.3项、第8类或第9类固体或液体的危险货物，配备：

——一把铲子（对具有第3类、4.1项、4.3项危险性的货物，铲子应具备防爆功能）；

——一个下水道口封堵器具，如堵漏垫、堵漏袋等。

4. 危险货物道路运输车辆管理

1）车辆停放

因为运输的货物具有爆炸、易燃、毒害、感染、腐蚀等危险特性，危险货物道路运输车辆停放时应特别注意安全。《危险货物道路运输规则　第7部分：运输条件及作业要求》中规定了危险货物道路运输车辆的停放要求。根据 JT/T 617.3—2018 中表 A.1 第(19)列的规定,当危险货物适用于附录 A 中 S1d)、S14~S24 特殊规定时,危险货物车辆停车时应受到监护。应按以下优先顺序选择危险货物车辆停车场所:

(1)未经允许不能进入的公司或工厂的安全场所;

(2)有停车管理人员看管的停车场,驾驶员应告知停车管理人员其去向和联系方式;

(3)其他公共或私人停车场,但车辆和危险货物不应对其他车辆和人员构成危害;

(4)一般不会有人经过或聚集的、与公路和民房隔离的开阔地带。

2)车辆维护与修理

《道路危险货物运输管理规定》中规定:道路危险货物运输企业或者单位应当按照《道路运输车辆技术管理规定》中有关车辆管理的规定,维护、检测、使用和管理专用车辆,确保专用车辆技术状况良好。

道路运输企业根据车辆类别、运行状况、行驶里程、道路条件、使用年限等因素有规律地组织车辆维护作业,以保持车辆经常处于最佳运行技术状态,包括日常维护、一级维护和二级维护。日常维护由驾驶员实施,一级维护和二级维护由道路运输经营者组织实施,并做好记录。

道路运输经营者应遵循国家标准《汽车维护、检测、诊断技术规范》《使用乙醇汽油车辆检查、维护技术规范》《压缩天然气汽车维护技术规范》《液化石油气汽车维护技术规范》《液化天然气汽车维护技术规范》等国家和行业标准的规定,结合车辆出厂使用说明书、维修手册及车辆使用强度,由经营者自行编制科学、合理、实用的车辆维护计划,并负责组织实施。

道路运输经营者应当遵循视情修理的原则,根据实际情况对车辆进行及时修理。

道路运输经营者用于运输剧毒化学品、爆炸品的专用车辆及罐式专用车辆(含罐式挂车),应当到具备道路危险货物运输车辆维修条件的企业进行维修。前款规定专用车辆的牵引车和其他运输危险货物的车辆由道路运输经营者消除危险货物的危害后,可以到具备一般车辆维修条件的企业进行维修。

关于罐式车辆罐体的维修,《危险货物道路运输安全管理办法》规定,装载危险货物的常压罐式车辆罐体的重大维修、改造,应当委托具备罐体生产资质的企业实施,并通过具有专业资质的检验机构维修、改造检验,取得检验合格证书,方可重新投入使用。

3)车辆检测

危险货物道路运输企业应当按照《道路运输车辆技术管理规定》的要求对车辆进行综合性能检测。应当选择通过质量技术监督部门的计量认证、取得计量认证证书并符合《汽车综合性能检测站能力的通用要求》等国家相关标准的检测机构,定期对道路运输车辆进行综合性能检测。危货运输车辆的综合性能检测应当委托车籍所在地汽车综合性能检测机构进行。

危险货物道路运输企业禁止使用检测不合格的、车辆技术等级达不到一级的和其他不符合国家规定的车辆从事道路危险货物运输。

4）车辆报废

《道路运输企业车辆技术管理规范》中规定达到国家强制报废标准规定的车辆，应按照有关规定进行报废，及时办理报废手续。车辆报废后应将《道路运输证》及有关营运标志交回原证件配发机关。应妥善保存回收证明、注销证明等凭证。

我国实行机动车强制报废制度，《机动车强制报废标准规定》明确了我国的机动车报废实施强制报废和引导报废两种方式，一方面，根据机动车使用和安全技术、排放检验状况，国家对达到报废标准的机动车实施强制报废；另一方面，对达到一定行驶里程的机动车实施引导报废。

关于强制报废，一方面，可以根据车辆的强制报废年限来进行报废。另一方面，当车辆经修理和调整后仍然达不到相应要求或者连续3个机动车检验周期内未取得机动车检验合格标志的，也需要强制报废。

《机动车强制报废标准规定》对危险品运输车辆的使用年限，行驶里程参考值分别为10年和40万km。

5. 危险货物道路运输车辆动态监控

1）安装卫星定位装置

道路危险货物运输企业作为动态监控主体，应按照要求购置带有车载终端的营运车辆。

《道路运输车辆动态监督管理办法》中规定：危险货物运输车辆在出厂前应当安装符合标准的卫星定位装置。道路运输经营者应当选购安装符合标准的卫星定位装置的车辆，并接入符合要求的监控平台。

对新出厂车辆已安装的卫星定位装置，任何单位和个人不得随意拆卸。除危险货物运输车辆接入联网联控系统监控平台时按照有关标准要求进行相应设置以外，不得改变货运车辆车载终端监控中心的域名设置。

2）建设监控平台

《道路运输车辆动态监督管理办法》中规定：道路危险货物运输企业应当按照标准建设道路运输车辆动态监控平台，或者使用符合条件的社会化卫星定位系统监控平台（以下统称监控平台），对所属道路运输车辆和驾驶员运行过程进行实时监控和管理。

道路运输企业新建或者变更监控平台，在投入使用前应当通过有关专业机构的系统平台标准符合性技术审查，并向原发放《道路运输经营许可证》的道路运输管理机构备案。提供道路运输车辆动态监控社会化服务的，也应当向省级道路运输管理机构备案。

3）配备专职监控人员

《道路运输车辆动态监督管理办法》中规定，道路危险货物运输企业应当配备专职监控人员。专职监控人员配置原则上按照监控平台每接入100辆车设1人的标准配备,最低不少于2人。监控人员应当掌握国家相关法规和政策,经运输企业培训、考试合格后上岗。

4)监控管理

道路运输企业应当建立健全动态监控管理相关制度,规范动态监控工作。

(1)动态监控平台应正常使用,录入相关数据并联网,保证日常使用,对车辆规定、违规记录、监控处理等内容应存档备查。

《道路运输车辆动态监督管理办法》中关于监控管理的相关规定如下:

①道路运输企业应当在监控平台中完整、准确地录入所属道路运输车辆和驾驶员的基础资料等信息,并及时更新。

②监控人员应当实时分析、处理车辆行驶动态信息,及时提醒驾驶员纠正超速行驶、疲劳驾驶等违法行为,并记录存档至动态监控台账;对经提醒仍然继续违法驾驶的驾驶员,应当及时向企业安全生产管理机构报告,安全生产管理机构应当立即采取措施制止;对拒不执行制止措施仍然继续违法驾驶的,道路运输企业应当及时报告公安机关交通管理部门,并在事后解聘驾驶员。

动态监控数据应当至少保存6个月,违法驾驶信息及处理情况应当至少保存3年。对存在交通违法信息的驾驶员,道路运输企业在事后应当及时给予处理。

③道路运输经营者应当确保卫星定位装置正常使用,保持车辆运行实时在线。卫星定位装置出现故障不能保持在线的道路运输车辆,道路运输经营者不得安排其从事道路运输经营活动。

④卫星定位系统平台应当提供持续、可靠的技术服务,保证车辆动态监控数据真实、准确,确保提供监控服务的系统平台安全、稳定运行。

(2)动态监控平台应接入省级、国家级监管平台,接受上级管理部门的监管。

《道路运输车辆动态监督管理办法》规定,道路危险货物运输企业监控平台应当接入全国重点营运车辆联网联控系统,并按照要求将车辆行驶的动态信息和企业、驾驶员、车辆的相关信息逐级上传至全国道路运输车辆动态信息公共交换平台。

道路货运企业监控平台应当与道路货运车辆公共平台对接,按照要求将企业、驾驶员、车辆的相关信息上传至道路货运车辆公共平台,并接收道路货运车辆公共平台转发的货运车辆行驶的动态信息。

任何单位和个人不得破坏卫星定位装置以及恶意人为干扰、屏蔽卫星定位装置信号,不得篡改卫星定位装置数据。

四、从业人员管理

危险货物道路运输的从业人员包括驾驶员、装卸管理人员和押运人员三类。近年来危险货物道路运输行业发生的事故暴露出从业人员素质、专业知识等方面存在诸多问题。危险货物道路运输企业应从聘用、培训、行为管理等方面着手,不断提升从业人员的安全素质,规范行为,提升安全生产水平。

1. 聘用要求

1)驾驶员聘用要求

交通运输部《道路运输从业人员管理规定》中规定,道路危险货物运输驾驶员应当符合下列条件:

(1)取得相应的机动车驾驶证;

(2)年龄不超过60周岁;

(3)3年内无重大以上交通责任事故;

(4)取得经营性道路旅客运输或者货物运输驾驶员从业资格2年以上或者接受全日制驾驶职业教育的;

(5)接受相关法规、安全知识、专业技术、职业卫生防护和应急救援知识的培训,了解危险货物性质、危害特征、包装容器的使用特性和发生意外时的应急措施;

(6)经考试合格,取得相应的从业资格证件。

2)装卸管理人员和押运人员聘用要求

《道路运输从业人员管理规定》中规定道路危险货物运输装卸管理人员和押运人员应当符合下列条件:

(1)年龄不超过60周岁;

(2)初中以上学历;

(3)接受相关法规、安全知识、专业技术、职业卫生防护和应急救援知识的培训,了解危险货物性质、危害特征、包装容器的使用特性和发生意外时的应急措施;

(4)经考试合格,取得相应的从业资格证件。

3)聘用注意事项

我国对道路危险货物运输从业人员实行从业资格考试制度,必须取得相应从业资格,方可从事道路危险货物运输活动。《道路危险货物运输管理规定》中规定:从事道路危险货物运输的驾驶员、装卸管理人员、押运人员应当经所在地设区的市级人民政府交通运输主管部门考试合格,并取得相应的从业资格证;从事剧毒化学品、爆炸品道路运输的驾驶员、装卸管理人员、押运人员,应当经考试合格,取得注明为"剧毒化学品运输"或者"爆炸品运输"类别的从业资格证。

危险货物道路运输从业人员有下列情形之一的,不得聘用。

(1)道路运输管理机构注销、吊销和撤销从业资格证的;

(2)机动车驾驶证被注销或者被吊销的;

(3)超过机动车驾驶证、从业资格证件有效期,未申请换证的;

(4)从业人员年龄超过60周岁的;

(5)从业人员身体健康状况不符合有关机动车驾驶和相关从业要求且没有主动申请注销从业资格的;

(6)发生重大以上交通事故,且负主要责任的;

(7)发现重大隐患,不立即采取消除措施,继续作业的;

(8)被列入道路运输管理机构或公安交通管理部门"黑名单"的;

(9)没有固定住所或居所、休息时间得不到保证的经营性道路客货运输驾驶员和危险货物道路运输从业人员。

2.培训要求

《道路运输从业人员管理规定》中规定,道路运输从业人员应当按照规定参加国家相关法规、职业道德及业务知识培训。

《危险货物道路运输安全管理办法》要求承运人应当按照相关法律法规和《危险货物道路运输规则》要求,对本单位相关从业人员进行岗前安全教育培训和定期安全教育。未经岗前安全教育培训考核合格的人员,不得上岗作业。并应当妥善保存安全教育培训及考核记录。岗前安全教育培训及考核记录保存至相关从业人员离职后12个月;定期安全教育记录保存期限不得少于12个月。

《危险货物道路运输规则 第1部分:通则》第7节"人员培训要求"规定了企业或者单位应对新聘用的危险货物道路运输从业人员进行岗前培训和考核。并应根据法律法规、技术标准或安全操作要求的变化,定期对危险货物道路运输从业人员进行复训。

驾驶员和押运人员在上岗作业前应接受危险货物道路运输专业知识培训。危险货物道路运输专业知识培训内容应至少包括基础知识培训和业务操作培训。基础知识培训内容应主要包括危险货物运输有关法规,各类危险货物的特性、标志、标记、标志牌、包装、装卸、隔离等基础内容。业务操作培训应包括接受培训人员所承担的职责、义务及岗位操作相适应,其中驾驶员还应符合《危险货物道路运输规则 第7部分:运输条件及作业要求》第5章规定的培训要求。

1)驾驶员

主要培训内容包括:

(1)危险货物运输有关法规;

(2)危险货物分类和危险特性;

(3)标志、标记和标志牌;

(4)运输车辆及相关设备的使用方法;

(5)运输文件、单证;

(6)装卸作业基本知识(包括包件堆放、固定、充装、卸放等);

(7)车辆或集装箱的混合装载要求和限制;

(8)安全运输操作程序(包括载运量限值、多式联运作业要求、道路通行等);

(9)个人防护方法、事故预防措施、应急响应信息使用、应急响应程序及急救措施。

《危险货物道路运输规则 第7部分:运输条件及作业要求》第5节要求:驾驶员上岗前应经过危险货物运输基本知识培训,掌握必需的知识和技能,并通过考核。

罐式车辆驾驶员还应至少接受罐体运输专业知识培训,应至少包含以下内容:

(1)专业知识:

①车辆在道路上的运行特点;

②车辆的特殊规定;

③各种装货、卸货设备的基础知识;

④车辆标记、标志牌使用的特殊规定。

(2)实际操作培训:

①牵引车与半挂车的连接;

②罐车附件(包括紧急切断阀、安全阀等)的操作;

③轮胎、设备、罐体的常规检查;

④罐车转向、制动操作。

运输第1类物质和物品的专业知识培训应至少包含以下内容:

(1)与爆炸物和烟火类物质或物品相关的特殊危险性;

(2)第1类物质和物品在混合装载时的特殊规定。

运输第7类放射性物品的专业知识培训应至少包含以下内容:

(1)放射性物品的特殊危险性;

(2)放射性物品的包装、操作、混合装载、积载相关特殊规定;

(3)当发生放射性物品运输事故时,应采取的特别措施。

另外,驾驶员应定期接受继续教育培训,培训内容包含法规标准新要求、车辆新技术等。

2)押运人员

主要培训内容包括:

(1)危险货物运输有关法规;

(2)危险货物分类和危险特性;

(3)标志、标记和标志牌;

(4)运输车辆及相关设备的使用方法;

(5)运输文件、单证;

(6)装卸作业基本知识(包括包件堆放、固定、充装、卸放等);

(7)车辆或集装箱的混合装载要求;

(8)个人防护方法、事故预防措施、应急响应信息使用、应急响应程序及急救措施。

3)驾驶员继续教育

《道路运输从业人员管理规定》中规定,道路危险货物运输驾驶员在岗从业期间,应当按照规定参加继续教育。

《道路运输驾驶员继续教育办法》第六条要求,交通运输部统一制定道路运输驾驶员继续教育大纲并向社会公布。继续教育大纲内容包括道路运输相关政策法规、职业道德、运输安全和节能减排等。

第八条要求,道路运输驾驶员继续教育周期为2年。道路运输驾驶员在每个周期接受继续教育的时间累计应不少于24学时。

第九条要求,道路运输驾驶员继续教育以接受道路运输企业组织并经县级以上道路运输管理机构备案的培训为主。不具备条件的运输企业和个体运输驾驶员的继续教育工作,由其他继续教育机构承担。继续教育还包括以下形式:①经许可的道路运输驾驶员从业资格培训机构组织的继续教育;②交通运输部或省级交通运输主管部门备案的网络远程继续教育;③经省级道路运输管理机构认定的其他继续教育形式。

因此,开展驾驶员继续教育应注意3点:

(1)每2年组织一次,完成继续教育大纲内容,时间累计应不少于24学时;

(2)具备条件的企业经主管部门备案后可以自主开展继续教育;

(3)由继续教育机构承担的继续教育也可以采用多种形式,如网络远程继续教育、继续教育上门培训班、继续教育定点培训班等。

3. 从业人员行为管理要求

从业人员行为管理要求主要包括对道路危险货物运输从业人员、道路危险货物运输驾驶员、客货运输车辆驾驶员、装卸管理人员和押运人员等的要求。

(1)道路危险货物运输从业人员应当在从业资格证件许可的范围内从事道路运输活动。

(2)道路危险货物运输驾驶员不得超限、超载运输,连续驾驶时间不得超过4个h。道路危险货物运输驾驶员应当按照道路交通安全主管部门指定的行车时间和路线运输危险货物。

(3)道路危险货物运输驾驶员应当按照规定填写行车日志。行车日志式样由省级道路运输管理机构统一制定。

(4)驾驶员应当随车携带《道路运输证》。驾驶员或者押运人员应当按照《危险货物道路运输规则》的要求,随车携带《道路运输危险货物安全卡》。

(5)在道路危险货物运输过程中,除驾驶员外,还应当在专用车辆上配备押运人员,确保危险货物处于押运人员监管之下。

(6)道路危险货物运输途中,驾驶员不得随意停车。因住宿或者发生影响正常运输的情况需要较长时间停车的,驾驶员、押运人员应当设置警戒带,并采取相应的安全防范措施。运输剧毒化学品或者易制爆危险化学品需要较长时间停车的,驾驶员或者押运人员应当向当地公安机关报告。

(7)驾驶员、装卸管理人员和押运人员上岗时应当随身携带从业资格证。并应当遵守国家相关法规和道路运输安全操作规程,不得违法经营、违章作业。

(8)在危险货物运输过程中发生燃烧、爆炸、污染、中毒或者被盗、丢失、流散、泄漏等事故,驾驶员、押运人员应当立即根据应急预案和《道路运输危险货物安全卡》的要求采取应急处置措施,并向事故发生地公安部门、交通运输主管部门和本运输企业或者单位报告。运输企业或者单位接到事故报告后,应当按照本单位危险货物应急预案组织救援,并向事故发生地安全生产监督管理部门和环境保护、卫生主管部门报告。道路危险货物运输管理机构应当公布事故报告电话。

(9)危险货物的装卸作业应当遵守安全作业标准、规程和制度,并在装卸管理人员的现场指挥或者监控下进行。危险货物运输托运人和承运人应当按照合同约定指派装卸管理人员;若合同未予约定,则由负责装卸作业的一方指派装卸管理人员。

(10)在危险货物装卸过程中,应当根据危险货物的性质,轻装轻卸,堆码整齐,防止混杂、撒漏、破损,不得与普通货物混合堆放。

(11)危险货物道路运输车辆驾驶员、押运人员在起运前,应当对承运危险货物的运输车辆、罐式车辆罐体、可移动罐柜、罐箱进行外观检查,确保没有影响运输安全的缺陷。还应当检查确认危险货物运输车辆按照《道路运输危险货物车辆标志》要求安装、悬挂标志。运输爆炸品和剧毒化学品的,还应当检查确认车辆安装、粘贴符合《道路运输爆炸品和剧毒化学品车辆安全技术条件》要求的安全标示牌。

(12)驾驶员应当确保罐式车辆罐体、可移动罐柜、罐箱的关闭装置在运输过程中处于关闭状态。

(13)运输民用爆炸物品、烟花爆竹和剧毒、放射性等危险物品时,应当按照公安机关批准的路线、时间行驶。

4. 从业人员档案管理

危险货物道路运输企业应根据《危险货物道路运输企业安全生产档案管理技术要求》,建立危险货物道路运输从业人员的档案。档案应至少包括以下内容:

(1)劳动关系合同;
(2)姓名、性别、出生年月日、学历、岗位、简历等基本信息;
(3)身份证、机动车驾驶证、从业资格证复印件;
(4)从业情况记录(包括诚信考核记录,违法、违章、事故记录)。

五、安全操作规程

危险货物承运人应当按照交通运输主管部门许可的经营范围承运危险货物,并应当使用安全技术条件符合国家标准要求且与承运危险货物性质、质量相匹配的车辆、设备进行运输。危险货物道路运输安全操作规程按照作业顺序分为出车前、行车中和行车后。按照《道路危险货物运输管理规定》《危险货物道路运输安全管理办法》和《危险货物道路运输规则》等文件相关规定,具体安全操作规程介绍如下。

1. 出车前的作业要求

出车前,企业安全生产管理人员、车辆管理人员、驾驶员和押运人员等相关责任人主要应执行人员状况检查、熟悉与告知、运单查验、随车物品检查、车辆安检等检查作业。

(1)检查人员状况是否正常。通过询问、观察,对驾驶员、押运人员的精神状态是否正常进行确认,如无异常,发放调度运单。

(2)熟悉和告知危险货物的特性及安全要求。安全生产管理人员应提前熟悉拟运输危险货物的基本危险特性、安全运输要求和应急措施,并在出车前向驾驶员和押运人员告知。

(3)查验运单是否相符。危险货物承运人应当制作危险货物运单,并交由驾驶员随车携带。危险货物运单应当妥善保存,保存期限不得少于12个月。

驾驶员、押运人员检查核对危险货物名称、数量、规格、托运人地址电话、接收人地址电话、运输路线,与调度员交代的任务是否相符,与车辆罐体荷载是否相符,不得超载。

(4)检查随车携带物品是否齐全。如道路运输危险货物安全卡、个人防护用品、应急用品、车组成员从业资格证、车辆相关证件以及法规标准规定的其他单据。

(5)车辆安全检查是否合格。危险货物承运人在运输前,应当对运输车辆、罐式车辆罐体、可移动罐柜、罐式集装箱及相关设备的技术状况,以及卫星定位装置进行检查并做好记录,对驾驶员、押运人员进行运输安全告知。

危险货物道路运输车辆驾驶员、押运人员在起运前,应当对承运危险货物的运输车辆、罐式车辆罐体、可移动罐柜、罐式集装箱进行外观检查,确保没有影响运输安全的缺陷。

驾驶员车辆出车前,根据天气情况做好车辆预热,绕车检查一周,检查车辆的安全技术状况(包括制动系、转向系、喇叭等),填写检查表,行车日志,确认各因素安全后方可起步。

危货运输车辆安检具体内容如下:

(1)标示检查。主要检查车辆号牌、标志灯、标志牌,安全标示牌,灯光信号装置、反光带、反光标识等设施设备是否正常。检查确认危险货物运输车辆按照《道路运输危险货物车辆标志》要求安装、悬挂标志。运输爆炸品和剧毒化学品的,还应当检查确认车辆安装、粘贴符合《道路运输爆炸品和剧毒化学品车辆安全技术条件》要求的安全标示牌。

(2)罐体检查。主要包括罐体外观、导静电橡胶拖地带、压力表、液位计、温度计、排气火花熄灭器、紧急切断装置、边灯、尾翼标高灯、管道、阀门等设备。检查确认导静电橡胶拖地带有效接地,压力表、液位计、温度计等需要配备的仪表完好有效。需要特别注意的是,对于要求安装紧急切断装置的罐车,出车前要重点检查确认紧急切断阀处于关闭状态。使用常压液体危险货物罐式车辆运输危险货物的,应当在罐式车辆罐体的适装介质列表范围内承运。使用移动式压力容器运输危险货物的,应当按照移动式压力容器使用登记证上限定的介质承运。

(3)车辆检查。检查车辆卫星定位系统、车架部分、轮胎与钢圈、轮毂紧固件、传动轴、机油、油箱、水箱、发动机传动带、制动液、阻火器、导静电橡胶拖地带等。出车前,检查车辆轮辋有无裂纹变形、螺栓是否完整紧固;轮胎是否变形和损伤,转向轮胎冠花纹深度是否大于3.2mm,其他轮胎花纹深度是否大于1.6mm,胎压是否正常等。检查电源总开关、车辆预热、燃油、公里数(仪表:包括水温表、机油压力表、制动气压表、发动机转速表、里程表、故障报警灯等)、制动器、离合器、灯光、刮水器、喇叭、空调等。检查各制动系统、制动管路、接头软管等有无漏油、漏气、松动和摩擦、干涉等现象;驻车制动器操作是否灵活、有效、可靠。检查转向机支架有无裂纹和松动,转向臂、直拉杆、转向节臂是否紧固,横向直拉杆球头、节头是否松动,各种开口销是否齐全有效等。

2. 行车中的作业要求

(1)在整个运输过程中,驾驶员应做到"六不",即不超速、不超载、不分心、不疲劳、不酒驾、不带病。同时,押运人员也应密切注意驾驶员的安全操作状况,做到及时提醒。

(2)遵守道路交通法规,并根据道路交通状况控制车速,禁止超速和强行超车和会车。通过隧道、涵洞、立交桥、路口等时,要注意限高、限宽、限速,应提前减速,避免紧急制动。

(3)严格遵守有关部门关于危险货物运输线路、时间、速度方面的有关规定。车辆不应进入未经批准的危险货物运输车辆限制通行区域。运输民用爆炸物品、烟花爆竹和剧毒、放射性等危险物品时,应当按照公安机关批准的路线、时间行驶。

危险货物运输车辆在高速公路上行驶速度不得超80km/h,在其他道路上行驶速度不得超过60km/h。道路限速标志、标线标明的速度低于上述规定速度的,车辆行驶速度不得高于限速标志、标线标明的速度。

(4)运输过程中,不应随意停车,且避免在人员聚集区、重点单位(如重要机关、学校、医院)门口、重要基础设施(如大型隧道、桥梁、涵洞、立交桥等)、易燃易爆物品仓库或具有明火的场所附近停靠。同时,当车辆需要中途停车休息或检查时,车辆应选择安全区域停放,停车区域应是平坦、坚实的场地,停放方向要易于驶离,拉好驻车制动操纵杆、车辆熄火,同时下车检查,在驱动轮前后放置三角木(轮挡),避免车辆异常移动。

因住宿或者发生影响正常运输的情况需要较长时间停车的,驾驶员、押运人员应当设置警戒带,并采取相应的安全防范措施。运输剧毒化学品或者易制爆危险化学品需要较长时间停车的,驾驶员或者押运人员应当向当地公安机关报告。

(5)运输过程中每隔2h检查一次,驾驶员一次连续驾驶4h应休息20min以上;24h内实际驾驶车辆时间累积不得超过8h。

(6)押运人员应密切注意车辆所装载的危险货物情况,需要停车检查、休息或异常情况处理时,应向有关人员报言,并做好对危险货物的监护,不得擅自离岗脱岗,重点监护检查。

(7)驾驶员应当确保罐式车辆罐体、可移动罐柜、罐箱的关闭装置在运输过程中处于关闭状态。

(8) 运输过程中,遇天气、道路路面状况发生变化,应根据所载货物性质,及时采取相应安全防护措施。遇有雷雨时,不应在树下、电线杆、高压线、铁塔、高层建筑以及易遭受雷击和产生火花的地点停车。避雨时,应选择安全地点停放。遇有泥泞、冰冻、颠簸、狭窄及山崖等路段时,应低速缓慢行驶,防止车辆侧滑、打滑及危险货物剧烈振荡等。

(9) 运输过程中,若发生燃烧、爆炸、污染、中毒、被盗、丢失、流散、泄漏等情况,驾驶员和押运人员应立即报警,并向单位报告,同时尽力开展自救,共同配合采取一切可能的警示,防范泄漏及二次事故的发生,有人员受伤应先抢救受伤人员,如遇无法控制的事故,应撤离至安全地带,做好警戒并应看护好车辆、货物,等待救援。同时向事故发生地公安部门、交通运输主管部门和运输企业报告。报告内容应至少包括:

①报告人姓名、联系方式;
②发生的事故及部位;
③发生时间、具体地点(如×××公路×××公里处)、行驶方向;
④车辆牌照、装载质量、车辆类型、罐车罐体容积,当前状况;
⑤UN编号、危险货物品名、数量,当前状况;
⑥人员伤亡及危害情况;
⑦已采取或拟采取的应急处置措施。

3. 收车后的作业要求

危险货物车辆到达目的地将危险货物运单交由接收人确认,卸载后检查紧急切断阀是否关闭,确认安全后起步返回。需注意相关规定,禁止危险货物运输车辆在卸货后直接实施排空作业等活动。

在运输后回场执行四项作业要求:回场检查、清洁车辆、停车入位、表单确认。

(1) 回场检查。回场后先进行自检,然后通知班组安排综合检查或其他专项检查。

(2) 清洁车辆。进洗车台进行必要的清洁维护,保持清洁完好的车容车况。

(3) 停车入位。根据停车场管理制度,停放对应区域或对号入位,保持易于驶离的方向入位。

(4) 表单确认。交还车钥匙,将车辆安全检查表、运输单据交管理人员签名确认。

第2节 道路旅客运输企业安全生产管理

道路旅客运输企业(以下简称道路客运企业)是道路客运安全生产的责任主体,要根据《道路旅客运输及客运站管理规定》《道路运输车辆动态监督管理办法》《道路旅客运输企业安全管理规范》《道路运输车辆技术管理规定》《道路运输从业人员管理规定》等相关规章规范,建立健全安全生产责任制和安全生产管理制度,不断提升企业负责人、安全生产管理人员等关键岗位从业人员安全素质,完善安全生产条件,严格执行安全生产操作规程,加强客运车辆技术管理和驾驶员管理,不断提高安全管理水平。

一、道路客运安全生产的特点

道路客运行业是我国安全生产的重要行业,也是重特大安全生产事故易发领域。近年来,虽然经过各级管理部门和道路客运企业的不懈努力,道路客运行业安全生产形势整体稳定趋好。但是,与其他行业领域相比,道路客运行业目前依然是重特大事故高发领域,近几年发生的重特大交通事故中,道路客运事故占比60%以上。这暴露出我国道路客运安全基础依然薄弱,特别是道路客运企业生产安全管理仍然存在很多突出问题,比如对驾驶员管理松懈、以包代管、疲劳驾驶、超员超速、站外揽客、不按规定线路行驶、客车带病行驶、关闭车载卫星定位终端逃避监管等问题,制约了道路客运行业的健康稳定发展。

二、客运驾驶员管理

驾驶员作为车辆行驶安全的主体是影响道路运输企业安全管理的关键因素。客运企业应当严格按照《道路运输从业人员管理规定》等相关规定要求,加强驾驶员管理,针对驾驶员招聘、培训教育、考核等关键环节建立一系列管理制度,并采取有力措施加以落实,不断提升驾驶员的安全素质,规范驾驶行为,提升安全驾驶水平。

1. 驾驶员聘用

客运企业应当建立驾驶员聘用制度,统一录用程序和客运驾驶员录用条件,严格审核客运驾驶员从业资格条件、安全行车经历及职业健康检查结果,对实际驾驶技能进行测试。

根据《道路运输从业人员管理规定》要求,经营性道路客运驾驶员应当符合下列条件:

(1)取得相应的机动车驾驶证1年以上;

(2)年龄不超过60周岁;

(3)3年内无重大及以上交通责任事故;

(4)掌握相关道路旅客运输法规、机动车维修和旅客急救基本知识;

(5)经考试合格,取得相应的从业资格证件。

如果驾驶员存在下列情况之一,客运企业不得聘用其驾驶客运车辆:

(1)无有效的、适用的机动车驾驶证和从业资格证件,以及诚信考核不合格或被列入黑名单的;

(2)36个月内发生道路交通事故致人死亡且负同等以上责任的;

(3)最近3个完整记分周期内有1个记分周期交通违法记满12分的;

(4)36个月内有酒后驾驶、超员20%以上、超速50%(高速公路超速20%)以上或12个月内有3次以上超速违法记录的;

(5)有吸食、注射毒品行为记录,或者长期服用依赖性精神药品成瘾尚未戒除的,以及发现其他职业禁忌的。

2. 驾驶员继续教育

根据《道路运输从业人员管理规定》《道路运输驾驶员继续教育办法》《道路旅客运输企业安全管理规范》等文件规定,客运驾驶员在岗从业期间应当按照规定参加继续教育。

(1)岗前培训。客运企业应当建立客运驾驶员岗前培训制度,培训合格方可上岗。客运驾驶员岗前培训不少于24学时,并应在此基础上实际跟车实习,提前熟悉客运车辆性能和客运线路情况。

岗前培训的主要内容包括:道路交通安全和安全生产相关法律法规、安全行车知识和技能、交通事故案例警示教育、职业道德、安全告知知识、交通事故法律责任规定、防御性驾驶技术、伤员急救常识等安全与应急处置知识、企业有关安全运营管理的规定等。

(2)安全教育培训。客运企业应当建立客运驾驶员安全教育培训及考核制度,并充分运用互联网和移动终端等培训方式,对驾驶员进行统一的安全教育培训。培训内容应当包括法律法规、典型交通事故案例警示教育、技能训练、安全驾驶经验交流、防御性驾驶技术、突发事件应急处置等方面。培训应当每月不少于1次,每次不少于2学时。培训结束后,对培训效果进行统一考核,考核的有关资料应纳入驾驶员教育培训档案。档案应包括培训内容、培训时间、培训地点、授课人、参加培训人员签名、考核人员和安全生产管理人员签名、培训考试情况等(档案保存期限不少于36个月)。

另外,客运企业应当每月分析客运驾驶员的道路交通违法信息和事故信息,及时进行针对性的教育和处理。

3. 驾驶员考核

客运企业应当建立驾驶员从业行为定期考核制度,考核内容应包括客运驾驶员违法违规情况、交通事故情况、道路运输车辆动态监控平台和视频监控系统发现的违规驾驶情况、服务质量、安全运营情况、安全操作规程执行情况以及参加教育培训情况等。考核周期应不大于3个月。驾驶员从业行为定期考核结果应与企业安全生产奖惩制度挂钩。

4. 驾驶员档案管理

客运企业应当建立客运驾驶员信息档案管理制度。客运驾驶员信息档案实行一人一档,及时更新。客运驾驶员信息档案应当包括:客运驾驶员基本信息、体检表、安全驾驶信息、交通事故信息、交通违法信息、内部奖惩、诚信考核信息等。

5. 疲劳、超速驾驶预防

根据《道路旅客运输企业安全管理规范》《道路客货运输驾驶员行车操作规范》等规范文件,道路运输企业应当采取如下措施,预防驾驶员疲劳、超速驾驶。

(1)企业应当建立防止驾驶员疲劳驾驶制度,为驾驶员创造良好的工作环境,合理安排运输任务,保障驾驶员落地休息,防止驾驶员疲劳驾驶。要建立驾驶员安全告诫制度,指定专人或委托客运站对驾驶员出车前进行问询、告知,预防驾驶员疲劳、带病、带不良情绪、酒后上岗驾驶车辆。要关心驾驶员的身心健康,每年组织驾驶员进行体检,对发现驾驶员身体条件不适宜继续从事驾驶工作的,应及时调离驾驶岗位。

(2)企业在制定运输计划时应当严格遵守客运驾驶员驾驶时间和休息时间等规定:驾驶员在每日首次出车前应保证不少于 6h 的睡眠;日间连续驾驶时间不得超过 4h,夜间连续驾驶时间不得超过 2h,每次停车休息时间应不少于 20min;行车中感到疲倦时应及时选择停车场、服务区等区域停车休息;在 24h 内累计驾驶时间不得超过 8h;夜间 22 时至凌晨 6 时连续驾驶时间不超过 2h,每次停车休息时间不少于 29min;任意连续 7 日内累计驾驶时间不得超过 44h,期间应有效落地休息;长途客运车辆凌晨 2 时至 5 时停止运行或实行接驳运输,做到停车换人、落地消息;禁止在夜间驾驶客运车辆通行达不到安全通行条件的三级及以下山区公路;从事高速公路单程运行 600km 以上、其他公路单程运行 400km 以上的客运任务时,有至少 2 名驾驶员轮流驾驶、轮换休息。

(3)客运企业在制定接驳运输线路运行组织方案时,应当避免驾驶员疲劳驾驶,并对接驳点进行实地查验,保证接驳点满足停车、驾驶员住宿、视频监控等安全管理功能需求。

(4)企业不得要求客运驾驶员违反驾驶时间和休息时间等规定驾驶客运车辆。要主动查处客运驾驶员违反驾驶时间和休息时间等规定的行为,发现客运驾驶员违反驾驶时间和休息时间等规定驾驶客运车辆时,应及时采取措施纠正。

(5)企业不得要求客运驾驶员超速驾驶客运车辆,应主动查处客运驾驶员超速驾驶客运车辆的行为,发现客运驾驶员超速驾驶客运车辆时,应及时采取措施纠正。

三、客运车辆技术管理

客运车辆技术状况的好坏是影响道路运输企业安全管理的关键因素。

1. 设置车辆技术管理机构

按照《道路旅客运输企业安全管理规范》要求,拥有 20 辆(含)以上客运车辆的客运企业应当设置车辆技术管理机构,配备专业车辆技术管理人员,提供必要的工作条件。拥有 20 辆以下客运车辆的客运企业应当配备专业车辆技术管理人员,提供必要的工作条件。专业车辆技术管理人员原则上按照每 50 辆车 1 人的标准配备,最低不少于 1 人。

2. 车辆选用

客运企业应当建立客运车辆选用管理制度,按照相关法规和标准要求,统一选型、统一车身标识、统一购置符合《机动车运行安全技术条件》《营运客车安全技术条件》等标准要求的车辆从事运营。要优先选用安全、节能、环保型客车。不得使用已达到报废标准、检测不合格、非法拼(改)装等不符合运行安全技术条件的客车,以及其他不符合国家规定的车辆从事客运经营。

3. 车辆维护

客运企业应当建立客运车辆维护制度。依据国家有关标准和车辆维修手册、使用说明书等，结合车辆运行状况、行驶里程、道路条件、使用年限等因素，科学合理制定客运车辆维护计划，保证客运车辆按照有关规定、技术规范以及企业的相关规定进行维护。

车辆维护分为日常维护、一级维护、二级维护。其中日常维护由客运驾驶员实施，一级维护和二级维护由客运企业按照相关规定组织实施，并做好记录。

4. 车辆检查

客运企业应当建立客运车辆技术状况检查制度。应当配合客运站做好车辆安全例检，对未按规定进行安全例检或安全例检不合格的车辆不得安排运输任务。对于不在客运站进行安全例检的客运车辆，客运企业应当安排专业技术人员在每日出车前或收车后按照相关规定对客运车辆的技术状况进行安全检查。对于1个趟次超过1日的运输任务，途中的车辆技术状况检查由客运驾驶员具体实施。客运企业应主动排查并及时消除车辆安全隐患，每月检查车内安全带、应急锤、灭火器、三角警告牌以及应急门、应急窗、安全顶窗的开启装置等是否齐全、有效，安全出口通道是否畅通，确保客运车辆应急装置和安全设施处于良好的技术状况。客运企业配备新能源车辆的，应该根据新能源车辆种类、特点等，建立专门的检查制度，确保车辆技术状况良好。

5. 车辆检测

根据《道路运输车辆技术管理规定》要求，道路客运企业应当建立车辆综合性能检测制度，并严格执行。道路运输企业应当选择通过质监部门计量认证、取得计量认证证书并符合国家相关标准的检测机构进行车辆综合性能检测。营运客车自首次经国家机动车辆注册登记主管部门登记注册不满60个月的，每12个月进行1次检测和评定；超过60个月的，每6个月进行1次检测和评定。

6. 车辆报废

客运企业应当建立客运车辆改型和报废管理制度，对达到国家报废标准或者检测不符合国家强制性要求的客运车辆，不得继续从事客运经营。客运企业应当按规定将报废车辆交售给机动车回收企业，并及时办理车辆注销登记。车辆报废相关材料应至少保存24个月。

7. 建立车辆技术档案

客运企业应当建立客运车辆技术档案管理制度，建立客运车辆技术档案，实行一车一档，实现车辆从购置到退出运输市场的全过程管理。车辆技术档案应当包括：车辆基本信息、车辆技术等级评定、客车类型等级评定或者年度类型等级评定复核、车辆维护和修理（含《机动车维修竣工出厂合格证》）、车辆主要零部件更换、车辆变更、行驶里程、对车辆造成损伤的交通事故等。

四、客运车辆动态监控

1. 卫星定位装置安装与使用

客运企业应当建立具有行驶记录功能的卫星定位装置的安装、使用及维护制度。按照相关规定为企业的客运车辆安装符合标准的卫星定位装置,并接入符合标准的道路运输车辆动态监控平台及全国重点营运车辆联网联控系统。

在此基础上,要确保卫星定位装置正常使用,定期检查并及时排除卫星定位装置存在的故障,保持车辆运行时在线。卫星定位装置出现故障、不能保持在线的客运车辆,客运企业不得安排其承担道路旅客运输任务。

2. 车辆动态监控平台建设、维护及管理

客运企业应当建立道路运输车辆动态监控平台建设、维护及管理制度,按照标准建设道路运输车辆动态监控平台(或者使用符合条件的社会化道路运输车辆动态监控平台),在平台中完整、准确地录入所属客运车辆和驾驶员的基础资料等信息,及时更新。

应当确保道路运输车辆动态监控平台正常使用,定期检查并及时排除监控平台存在的故障,保持车辆运行时在线。应当按照相关法律法规规定以及车辆行驶道路的实际情况,在平台中设置监控超速行驶、疲劳驾驶的限值,以及核定运营线路、区域及夜间行驶时间。

3. 车辆动态监控人员管理

客运企业应当配备专职道路运输车辆动态监控人员,建立监控人员管理制度。专职监控人员的配置,应原则上按照监控平台每接入100辆车1人的标准配备,最低不少于2人。监控人员应当掌握国家相关法规和政策,熟悉动态监控系统的使用和动态监控数据的统计分析,经企业或者委托具备培训能力的机构培训、考试合格后上岗。客运企业应当依法对不严格监控车辆行驶状况的动态监控人员给予处理,情节严重的应当调离相应工作岗位。

另外要注意,客运企业委托第三方机构对所属客运车辆进行动态监控的,第三方专职动态监控人员视同企业专职动态监控人员配置。

4. 车辆动态信息处理

客运企业应当建立客运车辆动态信息处理制度。动态监控人员应当实时分析、处理车辆行驶动态信息,及时提醒客运驾驶员纠正超速行驶、疲劳驾驶等违法行为,并记录存档至动态监控台账;对经提醒仍然继续违法驾驶的客运驾驶员,应当及时向企业安全生产管理机构报告,企业安全生产管理机构应当立即采取措施制止;对拒不执行制止措施仍然继续违法驾驶的,企业应当及时报告公安机关交通管理部门,并在事后解聘客运驾驶员。车辆发生道路交通事故的,客运企业应当在接到事故信息后立即封存客运车辆动态监控数据,配合事故调查,如实提供车辆动态监控数据和视频资料。

5. 车辆动态信息统计分析

客运企业应当建立客运车辆动态信息统计分析制度,定期对车辆动态监控数据质量问题、驾驶员违法违规驾驶行为进行汇总分析。对存在交通违法、违规信息的客运驾驶员,客运企业应当在事后及时给予处理,对多次存在违法、违规行为的驾驶员应当作为重点监控和安全培训教育的对象。

6. 车辆动态信息保存

车辆动态监控数据应当至少保存6个月,违法驾驶信息及处理情况应当至少保存36个月。

五、重点岗位操作规程

驾驶员、动态监控人员是客运企业安全生产的重点岗位。企业负责人和安全生产管理人员要熟悉这两个重点岗位的操作规程,并督促从业人员严格按照操作规程开展工作。

1. 驾驶员行车操作规程

客运企业应当按照《道路旅客运输企业安全管理规范》《道路客货运输驾驶员行车操作规范》(JT/T 1134—2017)要求,制定客运驾驶员行车操作规程。

客运驾驶员行车操作规程应当包括如下内容:

(1)提前熟悉行车路线和行车计划。驾驶员应提前熟悉高速公路出入口、沿线服务区或其他中途休息场所、备用行车路线等信息,应提前了解运行路线沿线的道路情况、交通环境和气候特点,并根据运行路线沿线的道路交通环境,提前准备好相应的安保器材和物品。

(2)驾驶员生理心理状况自我检查。驾驶员身体应处于健康状态、精力充沛,情绪应处于心平气和、不急不躁的状态。如果有疲劳、头晕、恶心、情绪不良状况,要禁止驾车。

(3)车辆安全技术状况监测。驾驶员做好车辆安全技术状况检查,检查要点如下:

①按照《机动车驾驶员安全驾驶技能培训要求(JT/T 915—2014)》,做好出车前、行车中、收车后的车辆安全技术状况检查,如实填写车辆日常检查表(表5-2)。

②安装有卫星定位系统车载终端设备、行车记录设备、视频监控设备等的,确认设备齐全、工作正常。

③出车前做好以下安全检查:确认乘客座椅的安全带齐全,能正常调节长度和锁止,无破损;确认应急门、应急窗能正常开启和锁止,安全锤齐全、有效、位置正确,设有撤离舱口的,撤离舱能正常开启和锁止;确认灭火器齐全、有效,放置于明显、便于取用的位置。

④车辆起步前做好以下检查:在临时停靠站点,对上车乘客进行实名验票,检查乘客所携带的物品,防范携带、夹带危险物品或国家规定的违禁物品上车;确认乘客行包

摆放整齐稳妥,安全出口和通道畅通、无行包物品;清点乘客人数,确认无超员情况,督促乘客系好安全带;确认行李舱门和车门关闭锁止。

道路客运车辆日常检查表 表 5-2

年　月　日

		检 查 内 容	合格	不合格
出车前	车身情况	车辆外观、车厢、门窗、内外后视镜完好、无破损;蓄电池清洁、无漏液,液量符合要求,电极接线连接牢固		
		安全提示、安全标识完好、清晰		
		无漏油、漏水、漏气等现象		
	发动机舱	发动机外表清洁;发动机外部传动带松紧适当,无起皮、脱壳、破损,各类管路、线路无松脱、老化、破裂		
		燃油、冷却液、制动液、润滑油、风窗玻璃清洗液液面符合要求		
		启动发动机,察听发动机怠速运转平稳、无异响		
		无漏油、漏水、漏气等现象		
	转向系统	转向盘无松旷、窜动,回转平顺;转动转向盘,最大自由转动量不超过四指宽度		
	制动系统	制动踏板踩踏、松抬正常;起动发动机,查看制动气压表,在规定时间内达到正常范围		
		驻车制动器操纵杆拉紧、放松等有效		
	行驶系统	轮胎压力正常;胎面花纹的深度不低于深度标记,胎冠无严重磨损,胎侧无割裂伤,轮胎间无异物		
		轮胎螺母、螺栓齐全、无松动		
		悬架系统无断裂、错位,挠度正常		
	安全装置	座椅安全带齐全,能正常调节长度和锁止,无破损		
		灭火器齐全、有效,放置于明显、便于取用的位置;危险警告标志齐全		
		安全锤齐全、有效,位置正确		
		卫星定位系统车载终端、行车记录设备、视频监控设备等齐全、工作正常		
		应急门、应急窗能正常开启和锁止		
	灯光信号	各种灯光信号有效		
		仪表指示正常,无报警信号		
行车中	行驶时	行驶时制动、转向、轮胎、底盘、传动、发动机等无异常		
	停车时	无漏油、漏水、漏气情况		
		轮胎压力正常,胎面花纹的深度不低于深度标记,胎冠无严重磨损,胎侧无割裂伤,轮胎间无异物		
		轮胎螺母、螺栓齐全、无松动,悬架系统无断裂、错位		
		发动机、制动鼓无过热情况		

续上表

检查内容		合格	不合格
收车后	无漏油、漏水、漏气情况		
	轮胎压力正常,胎面花纹的深度不低于深度标记,胎冠无严重磨损,胎侧无割裂伤,轮胎间无异物		
	轮胎螺母、螺栓齐全、无松动,悬架系统无断裂、错位		
	座椅安全带和安全锤齐全、有效		
异常情况		驾驶员签字确认	

注:1. 如果检查内容符合要求,请在合格栏打"√"。如果不符合要求,请在不合格栏打"√"。
　　2. 如果有不合格内容,请在"异常情况"栏填写,驾驶员签字确认,整改合格后,方可出车。

(4)开车前安全告知和安全承诺。开车前,客车驾驶员应口头或通过播放宣传片、在车内明显位置标示等方式,对乘客进行安全告知,告知内容包括:客运公司名称、客车号牌、驾驶员及乘务员姓名和监督举报电话;车辆核定载客人数、行驶线路、经批准的停靠站点、中途休息站点;车辆安全出口及应急出口的逃生方法,安全带和安全锤的使用方法;法律法规规定的其他事项。

开车前,客车驾驶员应向乘客进行安全承诺,承诺内容包括:

①不超速,严格按照道路限速要求行驶;
②不超员,车辆乘员不得超过核定载客人数;
③不疲劳驾驶,日间连续驾驶时间不超过4h,夜间22时至凌晨6时连续驾驶时间不超过2h,每次停车休息时间不少于20min;
④不接打手机,在驾驶过程中保持注意力集中;
⑤不关闭动态监控系统,做到车辆运行实时在线;
⑥确保提醒乘客系好安全带,全程按要求佩戴使用;
⑦确保乘客生命安全,为旅途平安保驾护航等。

(5)高速公路及特殊路段行车注意事项。在高速公路、上坡路段、下坡路段、急弯路段、傍山险路等特殊路段,采取有效操作措施,具体行车操作规范要求见表5-3。

特殊路段驾驶员行车操作规范　　表5-3

特殊路段	操作规范
高速公路	(1)从匝道驶入高速公路时,应开启左转向灯,在加速车道加速至最低速度要求的同时,观察左后侧来车情况,确认安全后,平缓地变更至行车道行驶,关闭转向灯。 (2)行驶速度与跟车距离应符合《道路客货运输驾驶员行车操作规范》5.1.2部分的要求。 (3)不应长时间占用内侧快速车道行驶,不应在应急车道或硬路肩上行驶。 (4)车辆在高速公路行驶出现故障需要停车时,应按照以下要求操作: 　①选择安全区域停车,开启危险报警闪光灯,夜间同时开启示廓灯和后位灯,在来车方向距车辆150m以外摆放危险警告标志; 　②将人员疏散到来车方向距车辆100m以外的护栏外侧的安全区域; 　③报警或向所属单位报告。

续上表

特殊路段	操作规范
上坡路段	(1)提前预测坡度、坡长,选择右侧的慢车道或爬坡车道行驶。 (2)提前将变速器操纵杆置于合适的低挡位,在上坡路段保持加速踏板位置。 (3)当发动机提供的动力不足时,及时降挡。 (4)不定时察看冷却液温度表,当冷却液温度超过95℃时,及时选择安全区域停车降温。 (5)在坡路临时停车时,拉紧驻车制动器操纵杆,变速器操纵杆挂入低速挡,开启危险报警闪光灯,将车辆前轮适当转向路肩、路侧山体等安全的一侧,并在成斜对角的两侧轮胎的后侧垫三角木,正确摆放危险警告标志
下坡路段	(1)提前检验车辆制动性能是否正常,若制动性能异常,应及时停车检查处理。 (2)离合器保持接合状态,发动机不熄火,视坡度大小将变速器操纵杆置于合适的挡位,坡度越大,挡位越低。 (3)根据行车速度情况,间歇使用行车制动器制动控制车速;装备有缓速器、排气制动等辅助制动装置的车辆,应充分利用辅助制动装置减速。 (4)不占用对向车道行驶。 (5)通过后视镜观察后侧来车情况,发现后侧来车出现制动失效等异常情况时,及时根据道路情况采取避让措施。 (6)在坡路临时停车时,拉紧驻车制动器操纵杆,挂入倒车挡,开启危险报警闪光灯,将车辆前轮适当转向路肩、路侧山体等安全的一侧,并在成斜对角的两侧轮胎的前侧垫三角木,正确摆放危险警告标志
急弯路段	(1)观察到急弯标志或通过急弯路段时,应提前减速,不占用对向车道行驶,在缓慢驶近弯道的过程中观察并判断弯道内的道路路面、转弯空间等情况,确认安全后低速通过。 (2)通过有视线障碍的急弯路段,无法确认安全时,应按以下要求操作: ①在驶入弯道前的安全区域停车,拉紧驻车制动器操纵杆,必要时在车轮下垫三角木,开启危险报警闪光灯,放置危险警告标志。 ②查看弯道处的转弯空间、路基坚实情况,确认安全后,低速平稳通过弯道,必要时由随车人员指挥通过

傍山险路	(1)观察到傍山险路标志或通过傍山险路时,应按以下要求操作:
	①靠近道路中间或靠山体侧低速行驶。
	②遇对向来车时,判断对向来车的车型、速度、装载、拖挂等情况,选择道路较宽、视线良好、无障碍物的路段交会。对向来车不靠山体时,让对向来车先行。
	(2)观察到注意落石标志或通过易出现塌方、山体滑坡、泥石流的危险路段时,应按以下要求操作:
	①靠近道路中间低速行驶。
	②观察前方路侧及山坡的情况,确认安全后迅速通过,不应在该区域停车。
	③观察到以下异常情形时,及时选择安全区域停车:
	  a.山坡土体出现变形、鼓包、裂缝,坡上物体出现倾斜。
	  b.山坡有落石,且伴有树木摇晃。
	  c.动物惊恐异常。
	  d.山坡上出现"沙沙"或"轰轰"等异常声音

(6)恶劣天气下的行车注意事项。在雾、雨、雪、沙尘、冰雹等各种恶劣气象条件下行驶时,应按照《道路客货运输驾驶员行车操作规范》规定,通过正确使用车辆灯光、适当降低行驶速度、加大跟车距离等相应的措施,保证安全行车,具体行车操作规范要求见表5-4。

恶劣天气条件下驾驶员行车操作规范　　　　　表5-4

恶劣气象	操 作 规 范
雾	(1)开启近光灯、示廓灯。 (2)能见度小于200m时,同时开启雾灯和前后位灯。 (3)能见度小于100m时,同时开启雾灯、前后位灯和危险报警闪光灯。 (4)适当降低行驶速度,加大跟车距离。 (5)开启车窗,适当鸣喇叭提醒。 (6)发现后侧来车的跟车距离过近时,在保持与前车足够的跟车距离的情况下,适当用制动减速提醒后车
雨	(1)开启近光灯、示廓灯。 (2)能见度小于200m时,同时开启雾灯和前后位灯。 (3)能见度小于100m时,同时开启雾灯、前后位灯和危险报警闪光灯。 (4)适当降低行驶速度,加大跟车距离。 (5)根据雨量大小使用刮水器挡位,使用车内空调清除风窗玻璃和车门玻璃上的水雾。 (6)遇暴雨时,及时选择空旷、安全区域停车,待雨量变小或雨停后再继续行驶。 (7)遇大风时,握稳转向盘,保持低速行驶,在避让障碍物或转弯时缓转转向盘,轻踩制动踏板;若感觉车辆行驶方向受大风影响时,立即选择空旷、安全区域停车。 (8)遇连续下雨或久旱暴雨时,不应靠近路侧行驶。 (9)遇积水路段,先观察和判断积水的深度、流速等情况,确认安全后,低速平稳通过;通过积水路段后,轻踩制动踏板;遇路段积水严重时,选择其他安全路线行驶
冰雪	(1)开启近光灯、示廓灯。 (2)能见度小于200m时,同时开启雾灯和前后位灯。 (3)能见度小于100m时,同时开启雾灯、前后位灯和危险报警闪光灯。 (4)适当降低行驶速度,加大跟车距离。 (5)加速时,轻踩加速踏板;减速时,轻踩制动踏板或利用低速挡减速,不应紧急制动。 (6)转向时,缓转转向盘,不应急转向。 (7)遇路面被冰雪覆盖时,循车辙行驶,并利用道路两侧的树木、电杆、交通标志等判断行驶路线
高温	(1)不定时察看冷却液温度表,当冷却液温度超过95℃时,应及时选择阴凉、安全区域停车降温。 (2)宜每隔2h或每行驶150km停车检查轮胎压力、温度,发现胎温、胎压过高时,选择阴凉、安全区域停车降温,不可采取放气或泼冷水方式降压、降温。 (3)连续频繁使用行车制动器时,宜每行驶3~4km选择阴凉、安全区域停车,检查行车制动器状况,采取自然降温方式降低行车制动器温度

(7)夜间行车注意事项。夜间驾驶时,驾驶员应按照以下要求正确使用车辆灯光:

①开启示廓灯,在路侧紧急停车时同时开启危险报警闪光灯,放置危险警告标志;

②在有路灯、照明良好的道路上行驶时,开启近光灯;

③在没有路灯、照明不良的道路上行驶速度超过30km/h时开启远光灯;

④遇以下情况及时改用近光灯:与同车道前车的距离小于50m时,与相对方向来车的距离小于150m时,在窄路、窄桥与非机动车会车时;

⑤通过急弯、坡路、拱桥、人行横道或没有交通信号灯控制的路口时,交替使用远、近光灯示意。

(8)应急驾驶操作程序。驾驶员在遇到前方有障碍物、车辆转向失灵、车辆制动失效、车辆爆胎、车辆侧滑、车辆自燃、驾驶员突发疾病、乘客突发疾病、车内发现可疑爆炸物品、收到爆炸威胁信息、发生恐怖劫持等突发事件时,应按照《道路客货运输驾驶员行车操作规范》规定,采取应急措施,进行有效处置。具体要求见《道路客货运输驾驶员行车操作规范》第6部分。

(9)进出客运站注意事项。在客运站内,驾驶员应按照以下要求操作:

①服从工作人员指挥,按站内限速规定行驶,按规定停放;

②关闭车门,确认乘客已坐稳、系好安全带,再起步;

③依次有序进出客运站,若出入口为同一个通道,进站车辆让出站车辆先行;

④停车后,先确认车辆已停稳,再打开车门。

2. 动态监控人员操作规程

客运企业应当制定车辆动态监控操作规程,操作规程的内容应当包括:

(1)卫星定位装置、视频监控装置、动态监控平台设备的检修和维护要求;

(2)动态监控信息采集、分析、处理规范和流程;

(3)违法违规信息统计、报送及处理要求及程序;

(4)动态监控信息保存要求和程序等。

第3节 汽车客运站安全生产管理

汽车客运站要根据《道路旅客运输及客运站管理规定》《汽车客运站安全生产规范》《营运客车安全例行检查技术规范》(见《汽车客运站安全生产规范》附件1)等有关要求,做好安全管理工作,把住安全生产源头关,有效预防和减少因汽车客运站源头管理不到位引发的生产安全事故。

一、进出站检查

汽车客运站应当建立进站、出站检查制度,配备三品检查员和出站检查人员,对进入客运站的人员和行李物品、车辆以及出站车辆和驾驶员的相关情况进行严格检查，保证"三不进站""六不出站"。

其中"三不进站"是指：危险品不进站、无关人员不进站（发车区）、无关车辆不进站；"六不出站"是指：超载营运客车不出站，安全例行检查不合格营运客车不出站，旅客未系安全带不出站，驾驶员资格不符合要求不出站，营运客车证件不齐全不出站，出站登记表未经审核签字不出站。

按照《反恐法》《道路旅客运输及客运站管理规定》，2017年3月1日起，省际、市际客运班线的经营者、售票单位、客运站，应当实行客运实名售票和实名查验。

1. 进站检查

客运站进站检查工作的核心任务是查堵危险品。客运站应当建立危险品查堵制度，配备"三品"安检员，采取以下措施防止三品（即易燃、易爆、易腐蚀等危险品）进站上车：

（1）制定危险品检查工作程序，规范危险品查堵工作。

（2）设立专门的危险品查堵岗位。在进站口等关键环节对进站旅客携带的行李物品和托运行包进行安全检查，对查获的危险品应当进行登记并妥善保管或者按规定处理。

（3）配备必要的检查设备。一级、二级汽车客运站应当配置行包安全检查设备；三级及以下汽车客运站应当积极创造条件配置行包安全检查设备，提高危险品查堵效率和质量。

（4）危险品查堵岗位工作人员上岗前，应当参加常见危险品识别与处置、安全检查设备使用等相关知识和技能的培训，并经汽车客运站经营者考核合格；在岗期间，应当严格遵守岗位工作要求，不得开展与工作无关的活动。

2. 出站检查

客运站应当建立出站检查制度，配备出站检查工作人员，对出站车辆和驾驶员的相关情况进行严格检查，确保"六不出站"的落实。出站检查主要包括以下内容：

（1）检查出站营运客车报班手续是否完备，确保营运客车出站前机动车行驶证、道路运输证、客运标志牌、"营运客车安全例行检查合格通知单"等单证经客运站查验合格。

（2）核验每一名当班驾驶员持有的从业资格证、机动车驾驶证，确保受检驾驶员与报班的驾驶员一致。

（3）清点营运客车载客人数，确保营运客车不超载出站。如发现营运客车有超载行为，应当立即制止，并采取相应措施安排旅客改乘其他车辆。

（4）检查旅客安全带系扣情况，确保营运客车出站时所有旅客系好安全带。

经出站检查符合要求的营运客车和驾驶员，检查人员应当在《出站登记表》上进行记录，并经受检营运客车驾驶员签字确认（《出站登记表》式样见表5-5）。

出 站 登 记 表　　　　　　　　　表 5-5

序号	日期	车牌号码	报班手续是否齐备（○/×）	超载检查（○/×）	免票儿童数（人）	是否系好安全带（○/×）	驾驶员签字	检查员签字	出站时间

注：1."报班手续是否齐备"填×时，请注明"报班车辆与出站车辆不符""报班驾驶员与出站驾驶员不符"等具体原因；"超载检查"填○为不超载，×为超载。

2.《出站登记表》保存期限不少于3个月。

如果营运客车不配合出站检查，汽车客运站有权拒绝营运客车出站。

二、安全例检

汽车客运站应当按照《营运客车安全例行检查技术规范》规定，建立营运客车安全例行检查制度，对本站始发的营运客车进行安全例行检查。并采取以下措施防止未检的营运客车出站运行：

(1)指定专门的安全例行检查人员。安全例检人员应当熟悉营运客车结构、检查方法和相关技术标准，并经汽车客运站考核合格。

(2)设置专门的检查场地，配备必要的设施设备。

①安全例行检查场所应具备防风、防雨、防晒及良好的采光、照明和通风等条件，并设有"安全例检"文字标志和"5km/h"限速标志。

②安全例行检查场所应设有地沟或者车辆举升装置。地沟的长度应不小于营运客车最大允许长度的1.1倍，宽度不小于0.65m，深度不小于1.3m。地沟内应安装照明设施和安全电源。

③三级及以上的汽车客运站，安全例行检查应采用计算机管理系统，具有车辆信息登录、检查数据存储、检查信息查询、检查报告生成、人工录入等功能。

④安全例行检查场所应配备消防设备，灭火器数量不少于3个(5kg/个)，地沟内应放置1个。

(3)安全例行检查应配备以下工具及安全防护用品。

①检验锤；

②便携式照明器具；

③轮胎气压表;

④轮胎花纹深度尺;

⑤套筒扳手、扭力扳手;

⑥钢卷尺、钢板尺;

⑦停车三角木,数量不少于2只;

⑧安全帽、工装、手套、反光背心等安全防护用品。

(4)对营运客车的外观、制动系统、转向系统、照明及信号指示灯、车轮及轮胎、安全设施等项目进行安全例检,具体检查项目和要求见表5-6。

如果检查项目全部合格,签发《营运客车安全例行检查合格通知单》(式样见表5-7),加盖汽车客运站安全例行检查印章。如果检查项目中有任一项不合格时,安全例行检查结果判定为不合格,在营运客车调修后,重新进行全项检查(对于不合格项可立即排除的故障和缺陷,在排除故障和缺陷并得到合格确认后,该项可视为合格)。

(5)在完成安全例行检查后,安全例检人员应当填写、保存《营运客车安全例行检查报告单》(式样见表5-8)。

营运客车安全例检项目及有关要求　　　　　　　　　　表5-6

序号	检查项目	有关要求
1	外观	(1)检视车身外观,无漏油漏液现象,左、右后视镜和内后视镜齐全、完好,车窗玻璃齐全。 (2)打开前风窗玻璃刮水器开关,刮水器各挡位应工作正常,关闭刮水器时刮片应能自动返回到初始位置
2	制动系统	(1)气压表工作状况。起动发动机,观察气压表指示情况,气压表应能正确指示系统压力。 (2)制动管路密封性。采用气压制动的营运客车,在储气筒气压达到起步压力以上时,关闭发动机,踩下制动踏板,在地沟内或者举升装置下方,检查各车轮制动气室、气阀及制动管路的密封性,应无漏气声。采用液压制动的营运客车,检查各车轮制动分泵及可视制动管路的密封性,应无油液滴漏现象。 (3)制动系统自检。接通发动机起动开关,检视制动系统各故障指示灯指示状况,应无故障报警
3	转向系统	(1)左、右转动转向盘,在地沟内或者举升装置下方,检视转向机构及球销总成的连接状况,各连接部位应连接可靠、无松动,球销总成应无松旷和开裂。 (2)采用目视和检验锤敲击的方法,检查横直拉杆,应无变形、裂纹和拼焊现象
4	照明及信号指示灯	(1)前照灯。检视前照灯,应齐全、完好、表面清洁,无松脱;开启前照灯并进行远、近光变换,应工作正常。 (2)信号指示灯。分别开启转向灯(前、后、侧)、制动灯、示廓灯(前、后)、危险报警信号灯(前、后)、雾灯(前、后)、倒车灯,均应工作正常

续上表

序号	检查项目	有 关 要 求
5	车轮及轮胎	(1) 车轮螺栓及螺母。采用检验锤敲击的方法,巡视检查可视的轮胎螺栓、螺母以及可视的半轴螺栓,各车轮及半轴的螺栓、螺母应齐全、完好,紧固可靠。 (2) 轮胎外观。一是检视胎冠、胎壁等部位,不得有长度超过25mm或者深度足以暴露出帘布层的破裂、割伤以及凸起、异物刺入等影响使用的缺陷。同时,目视检查并装轮胎间,应无明显异物嵌入。 (3) 轮胎花纹深度。目视轮胎磨损状况。必要时,用轮胎花纹深度尺检测轮胎胎冠花纹深度。转向轮的胎冠花纹深度应不小于3.2mm,其余轮胎花纹深度应不小于1.6mm。 (4) 轮胎气压。采用检验锤敲击和目视的方法,巡视检查各轮胎的充气状况,必要时用气压表测量轮胎气压,轮胎气压应符合要求
6	安全设施	(1) 车门应急开关。检视动力启闭车门的车内应急开关,应急开关的标识及护罩、手柄、固定件等机件应齐全、完好。 (2) 安全顶窗。检视安全顶窗,安全顶窗开启装置的护罩、手柄、固定件等机件应齐全、完好。 (3) 安全锤。检视封闭式营运客车的应急窗,应配备安全锤并在规定的位置放置。 (4) 灭火器。目视检查灭火器,应随车配备灭火器,压力值处于正常范围内,驾驶员座椅旁应放置1个,且安放稳固并便于取用。 (5) 停车三角木。检视停车三角木,应随车配备,数量不少于2只。 (6) 警告牌。检视三角警告牌,应随车配备并妥善放置

营运客车安全例行检查合格通知单式样　　表5-7

编号:

营运客车安全例行检查合格通知单

检查合格时间:　　　年　月　日　时　分
车牌号码/颜色:
安全例检人员签字:
汽车客运站安全例行检查印章:

营运客车留存备查

(本通知单24h内报班有效)

营运客车安全例行检查报告单式样　　表5-8

车牌号码		车属单位		
检查日期		年　月　日　时　分		
检查记录				
序号	检查项目	检查内容		检查结果
1	外观	□漏油漏液　□车窗玻璃　□后视镜　□刮水器		
2	制动系统	□气压表工作状况　□制动系统自检 □制动管路密封性		

续上表

序号	检查项目	检查内容	检查结果
3	转向系统	□球销总成　□横直拉杆　□转向机构连接	
4	照明 及信号指示灯	□前照灯　□远、近光变换　□转向灯 □制动灯　□示廓灯　□危险报警信号灯 □雾灯　□倒车灯	
5	车轮及轮胎	□车轮螺栓及螺母　□轮胎外观 □轮胎花纹深度　□轮胎气压	
6	安全设施	□车门应急开关　□安全顶窗　□安全锤 □灭火器　□停车三角木　□警告牌	
检查结果判定			
安全例检人员签字		驾驶员签字	

注：1."检查结果"栏：○为合格，×为不合格。检查项目不合格的，应在检查内容□内用×标记不合格子项。

2."检查结果判定"栏：○为合格，×为不合格。检查项目全部合格时，检查结果判定为合格，同时签发"营运客车安全例行检查合格通知单"；检查项目中有任一项不合格时，检查结果判定为不合格。

三、重点岗位操作规程

根据《道路运输企业主要负责人和安全生产管理人员安全考核大纲》要求，道路运输企业主要负责人和安全生产管理人员要熟悉汽车客运站调度员、三品安检员、安全例检员等重点岗位操作规程，并督促重点岗位从业人员严格执行和落实操作规程。

1. 客运站调度员岗位操作规程

客运站调度员岗位操作规程一般包括以下内容：

（1）调度室按每天班次运行计划，提前做好班次运行安排。对报停班次和报停已出售车票的班次，做好登记，妥善处理。

（2）接上级部门下发的新增营运线路或班次业务通知单，及时转发站属相关科室，并按规定建立运行新班次。

（3）新进车辆驾乘人员提供职能部门审批的各项相关手续，与客运站签订进站经营协议书和安全管理协议书。调度室对新进的车辆做好台账登记，录入车辆信息备档，并告知新进车辆的道路旅客运输企业生产过程中须遵守的规定及相关事项，做到守法经营。

（4）值班调度审核营运车辆驾驶员驾驶证、从业资格证、车辆行驶证（车辆营运证和道路运输证是指同一个证件）、道路运输证、安全例检合格通知单等证件，经审核符合规定，按计划报班。

（5）根据客流流时、流量、流向的特点，适时进行运力调配，在节假日和客流高峰期间，企业客运站站务员、调度员和驾乘人员要做好旅客服务工作，解答乘客咨询。

（6）现场调度正确指挥车辆上位，检查上位车辆的车容车貌，监督、规范道路旅客运输企业及驾乘人员的服务行为,解答乘客咨询。

(7)车辆上位后,做好旅客运输的各项准备工作。

(8)按时正点正班结算。

(9)车辆调度人员指挥车辆下位,车辆准点发车。

2. 三品安检员岗位操作规程

客运站三品安检员岗位操作规程一般包括以下内容:

(1)坐机员和引导员应熟悉各类危险品的性质,具有识别三品的专业知识和排除险情的能力。

(2)坐机员和引导员应熟悉安检仪各项性能,按照操作程序要求进行操作,做好安检仪日常维护,确保机器的清洁卫生。

(3)坐机员和引导员每30min交接一次,引导员应主动引导旅客到"三品"安检仪接受安检,坐机员要做好检查记录。

(4)旅客进站时,引导员积极主动引导旅客将随身携带物品放入安检仪进行检查,确保100%检查,无异常后方可携带进站。

(5)对携带"三品"及禁运物品进站的旅客,按照有关规定一律扣留;涉及枪支弹药、剧毒物品,应采取措施滞留人员并及时通知公安部门到场处理。

(6)对检查出的"三品"和管制刀具等物品,不得损坏、丢失和私自截留,注意分类妥善保管,在做好登记造册后,及时移交客运站安全科统一处理。

(7)车站物流工作人员做好托运货物"三品"检查工作,防止"三品"夹带上车。

(8)做好检查登记记录,妥善保管好各类原始登记记录,以便备查。

3. 安全例检员岗位操作规程

(1)例检人员应当熟悉营运客车结构、检查方法和相关技术标准。

(2)例检员应熟悉例检场地及检查工具、安全防护用品的性能和使用方法,按照操作程序要求进行操作,做好安全例检场地和工具的日常维护。

(3)车辆进站下客后,安检员指挥引导车辆进入例检场地。车辆在规定位置停放后,例检员在车辆前后轮的前后位置各放置一个三角木,防止车辆滑动。

(4)驾驶员向例检员出示车辆及驾驶员有效证件,例检员按照作业项目中的"证件组内容"要求进行检查。

(5)例检员在驾驶员的配合下按照作业项目要求,对车辆外观、制动系统、转向系统、照明及信号指示灯、车轮及轮胎、安全设施等车辆技术状况进行检查。

(6)所有例检完毕后,例检员填写"车辆安全例行检查记录表",并由例检员和驾驶员分别签字。

(7)检查合格的车辆,由例检员开具《安全例检合格通知单》。驾驶员凭《安全例检合格通知单》进入营运手续检查程序。

(8)检查不合格的车辆,例检员要开具《安全例检不合格整改通知单》,由例检员和驾驶员签字。驾驶员持《安全例检不合格整改通知单》到维修单位进行检修,维竣工后必须再次检查,直至检查合格为止。

(9)例检作业结束后,例检员指挥车辆低速驶出例检场地,并将作业现场打扫干净。

4.实名制查验岗位安全操作规程

(1)按"一岗双责"制,负责本岗位的安全工作。熟悉"三不进站,六不出站"安全管理规定,以及车站旅客实名制查验操作流程。

(2)遵守各项法律法规和实名制查验各项规章制度,服从各级领导管理,对违反法律法规或实名制查验规章制度的现象应予拒绝并及时向上级报告。

(3)按规定着装上岗,自觉维护实名制查验人员岗位形象。

(4)熟练掌握旅客车票及身份证查验系统和设备的使用方法,发现故障及时报修。

(5)对省际、市际客运班线乘车旅客按照"逢人必验"的原则进行身份查验,确保人、证、票信息一致方可放行。

(6)对于信息核查不一致或无法提供有效身份信息的旅客,主动引导并协助其办理相应乘车手续;对于拒不配合或行为过激的旅客,及时移交现场警察处理。

(7)文明值岗,态度和蔼,遇事讲究方式方法,做到以理服人。

第 6 章　典型重特大道路交通事故案例分析

第 1 节　湖南郴州宜凤高速公路"6·26"特别重大道路交通事故

一、事故概况

2016年6月26日,湖南省郴州市境内宜凤高速公路发生一起重大道路交通事故,一辆旅游包车因碰撞高速公路中央隔离带漏油起火,造成35人死亡、13人受伤,直接经济损失2290万元。

事故当天,湖南省衡阳市骏达旅游客运有限公司(以下简称"骏达公司")驾驶员刘某某驾驶湘D94396号大客车,搭载乘客(实载57人,包括驾驶员1名、旅游团领队1名和游客55名,超员2人),前往湖南省郴州市莽山景区开展漂流活动。

当天10时19分,事故车辆行驶至湖南省郴州市宜凤高速公路宜章段33km处失控,先后与道路中央护栏发生一次剐蹭和三次碰撞,左油箱因碰撞挤压破裂开始大量燃油泄漏。在驾驶员采取制动措施后,车辆在接近东溪大桥路侧混凝土护栏时停止,并于10时20分左右起火燃烧,由于车上人员未能及时疏散逃生,造成重大人员伤亡和财产损失,事故车辆烧毁,高速公路路面及护栏受损。

国务院湖南郴州宜凤高速公路"6·26"特别重大道路交通事故调查组认定,事故性质是生产安全责任事故,其直接原因是:驾驶员疲劳驾驶造成车辆失控,与道路中央护栏发生碰撞,进而导致车辆油箱破损、柴油泄漏,右前轮向外侧倾倒,轮毂上的螺栓螺母与地面持续摩擦产生高温。车辆停止后,路面上的柴油遇到高温的右前轮后起火。由于车辆右前角紧挨路侧护栏,车门无法有效展开,车上乘客不能及时疏散,且安全锤未按规定放置在车厢内,乘客无法击碎车窗逃生,造成重大人员伤亡。

根据调查组处理结果,事故直接责任单位骏达公司被吊销道路运输经营许可证和营业执照(注:《安全生产法》第一百零八条:"生产经营单位不具备本法和其他有关法律、行政法规和国家标准或者行业标准规定的安全生产条件,经停产停业整顿仍不具备安全生产条件的,予以关闭;有关部门应当依法吊销其有关证照。"),并处高限罚款(注:《安全生产法》第一百零九条第四项:"发生特别重大事故的,处五百万元以上一千万元以下的罚款;情节特别严重的,处一千万元以上二千万元以下的罚款。"),其主要负责人终身不得担任道路运输行业生产经营单位的主要负责人(注:《安全生产法》第九十一条第三款:"生产经营单位的主要负责人……对重大、特别重大生产安全事故负有责任的,终身不得担任本行业生产经营单位的主要负责人。")。包括骏达公司主要负责人、安全生产管理人员、事故车辆车主、事故车驾驶员在内共17人,因涉嫌重大责任事故罪、交通肇事罪被分别批准逮捕。

二、事故责任单位存在的安全生产管理问题

事故暴露出事故责任单位骏达公司在落实安全主体责任方面存在的突出问题。

1. 未有效落实驾驶员休息和防疲劳驾驶制度

事发前,事故车驾驶员刘某某从6月23日到25日在外地连续驾驶,总行驶里程超过1000km,每天都是凌晨入睡,持续多日未充分休息,直到6月25日23时才赶回家,次日凌晨1时入睡,当晚实际休息不到4.5h,睡眠严重不足。骏达公司违反《道路交通安全法》规定(注:《道路交通安全法》第二十二条第二款:"饮酒、服用国家管制的精神药品或者麻醉药品,或者患有妨碍安全驾驶机动车的疾病,或者过度疲劳影响安全驾驶的,不得驾驶机动车。")和交通运输部《道路旅客运输企业安全管理规范》(交运发〔2018〕55号)规定(注:《道路旅客运输企业安全管理规范》第三十八条:"企业在制定运输计划时应当严格遵守客运驾驶员驾驶时间和休息时间等规定;客运企业不得要求客运驾驶员违反驾驶时间和休息时间等规定驾驶客运车辆。"),仍安排其于事故当天发班,成为事故发生的最直接原因。

事故调查结果显示:多名生还旅客在乘车等候出发时,发现驾驶员趴在转向盘上睡觉,直到发车时才睡醒;在途中有乘客提出要去高速公路服务区休息后,发现驾驶员将收费站出口匝道误以为是服务区入口而走错路的情况;根据现场勘验结果,从车辆最初与中央护栏刮蹭到继续前行与中央护栏发生严重碰撞,驾驶员均处于疲劳无意识状态。

2. 未有效落实车辆安全例检规定

在驾驶员无法返场的情况下,骏达公司违反交通运输部《道路旅客运输企业安全管理规范》(交运发〔2018〕55号)规定(注:《道路旅客运输企业安全管理规范》三十二条:"对于不在客运站进行安全例检的客运车辆,客运企业应当安排专业技术人员在每日出车前或收车后按照相关规定对客运车辆的技术状况进行检查。")未派专业人员进行车辆安全例检,仍安排事故车辆第二天发班;同时,骏达公司违反交通运输部《道路旅客运输企业安全管理规范》(交运发〔2018〕55号)规定(注:《道路旅客运输企业安全管理规范》三十二条:"客运企业应主动排查并及时消除车辆安全隐患,每月检查车内安全带、应急锤、灭火器、三角警告牌以及应急门、应急窗、安全顶窗的开启装置等是否齐全、有效,安全出口通道是否畅通,确保客运车辆应急装置和安全设施处于良好的技术状况。"),未定期检查车内安全和应急设施,致使事故车辆安全锤未按规定放置等安全隐患没有得到及时消除。

经对事故车辆内遗留物进行清理,共发现5把安全锤,其中有4把被放置在驾驶员座位左下侧储物箱内。事故发生时,由于未能找到击碎车窗玻璃的安全锤,乘客只

能蜂拥到驾驶员窗口逃生,极大降低了逃生效率,导致大部分乘客未能及时逃出车辆。

3. 未有效落实车辆动态监控管理

首先是骏达公司在车辆动态监控方面人手投入不足,没有达到交通运输部《道路运输车辆动态监督管理办法》(交通运输部令2016年第55号)规定要求(注:《道路运输车辆动态监督管理办法》第二十二条:"道路旅客运输企业、道路危险货物运输企业和拥有50辆及以上重型载货汽车或牵引车的道路货物运输企业应当配备专职监控人员。专职监控人员配置原则上按照监控平台每接入100辆车设1人的标准配备,最低不少于2人。")。骏达公司仅配备1名监控人员,并且同时还兼职公司董事长用车驾驶员、办理包车客运标志牌和部分文职工作。

其次是骏达公司不重视车辆动态监控管理工作。公司动态监控人员李彬未按《道路运输车辆动态监督管理办法》(交通运输部令2016年第55号)规定(《道路运输车辆动态监督管理办法》第二十六条:"监控人员应当实时分析、处理车辆行驶动态信息,及时提醒驾驶员纠正超速行驶、疲劳驾驶等违法行为,并记录存档至动态监控台账……";第二十七条:"道路运输经营者应当确保卫星定位装置正常使用,保持车辆运行实时在线。卫星定位装置出现故障不能保持在线的道路运输车辆,道路运输经营者不得安排其从事道路运输经营活动。")正确履行职责,没有及时报修事故车辆动态监控装置不能定位的故障。从2016年6月23日15时开始,事故车辆动态监控装置发生故障,无法正常定位。骏达公司动态监控员李彬在6月24日11时已发现该问题,但未进行报告处理,后续也没有及时跟踪解决该问题。而且,从6月26日8时至事故发生时,李彬一直未在监控岗位。

此外,骏达公司日常未对动态监控系统报警的超速等交通违法行为进行处罚,甚至存在文过饰非的行为。据统计,骏达公司接受处罚的驾驶人数为123人,远远多于企业向公安交管部门备案的54人。其中,最多的1辆客运车辆有24人次接受处罚,累计扣72分,涉及11名驾驶员。

4. 未进行合法的包车客运标志牌管理

由于衡阳市道路运输管理部门违反交通运输部《道路旅客运输及客运站管理规定》(交通运输部令2016年第82号)要求(注:《道路旅客运输及客运站管理规定》五十一条:"客运包车应当凭车籍所在地道路运输管理机构核发的包车客运标志牌,按照约定的时间、起始地、目的地和线路运行,并持有包车票或者包车合同,不得按班车模式定点定线运营,不得招揽包车合同外的旅客乘车。")和交通运输部《道路旅客运输企业安全管理规范》(交运发〔2018〕55号)要求(注:《道路旅客运输企业安全管理规范》第四十二条:"从事包车客运的客运企业应当建立包车客运标志牌统一管理制度。客运企业应当按规定将从事包车业务的客运车辆和客运驾驶员通过包车客运信息管理系统进行审核。审核通过后,客运企业方可打印包车客运标志牌并加盖公章,开展相关包车客运业务。客运企业应当指定专人签发包车客运标志牌,领用人应当签字登记,结束运输任务后及时交回客运标志牌。客运企业不得发放空白包车客运标志牌。"），违规操作，将盖有公章的空白旅游包车客运标志牌以及登录"湖南省道路运输信息管理系统"的账号密码提供给了骏达公司，并非法收取30元每张的费用。

事发前日，骏达公司在没有车辆安检合格单的情况下，拟定了虚假包车合同，凭行业监管部门提供的账号、密码登录"湖南省道路运输信息管理系统"，未经交通运输部门审核，自行非法打印了事故车辆6月26日当天的市际旅游包车客运标志牌。

5. 未有效对驾驶员进行安全教育和应急演练

事故发生后，驾驶员刘某某在尝试打开车门但没有成功的情况下，随即从左侧驾驶员窗口逃出车外，既没有按照应急处置程序实施有效措施，也没有维护车内乘客安全秩序，组织应急逃生，充分反映出驾驶员本人的应急处置能力欠缺，事到临头慌神逃窜的事实。

经过调查，骏达公司对驾驶员安全教育投入严重不足，未按规定（注：《道路旅客运输企业安全管理规范》第二十二条："客运企业应当建立客运驾驶员安全教育培训及考核制度。客运企业对客运驾驶员进行统一培训，安全教育培训应当每月不少于1次，每次不少于2学时，安全教育培训内容应当包括：法律法规、典型交通事故案例、技能训练、安全驾驶经验交流、突发事件应急处置训练等。"）对驾驶员进行有效的安全教育，也没有组织开展应急救援演练。

此外，骏达公司还存在应急处置制度不健全，应急预案（注：《道路旅客运输及客运站管理规定》第四十五条第一款："客运经营者应当制定突发公共事件的道路运输应急预案。应急预案应当包括报告程序、应急指挥、应急车辆和设备的储备以及处置措施等内容。"）操作性不强，相关规定在日常生产经营中均未得到有效落实等问题。

三、事故经验教训

1. 充分贯彻落实驾驶员休息和防疲劳驾驶制度

完善和充分实施防止客运驾驶员疲劳驾驶制度，为客运驾驶员创造良好的工作环境，合理安排运输任务，保障客运驾驶员落地休息，防止客运驾驶员疲劳驾驶；指定专人或委托客运站在客运驾驶员出车前进行查询、告知，预防客运驾驶员酒后、带病、疲劳、带不良情绪上岗驾驶车辆或者上岗前服用影响安全驾驶的药物；主动查处客运驾驶员违反驾驶时间和休息时间等规定的行为，发现客运驾驶员违反驾驶时间和休息时间等规定驾驶客运车辆时，应及时采取措施纠正。

2. 充分落实道路运输客运车辆安全例检制度

充分落实车辆回场例检制度，对于不在汽车站发车前实施安全例检的客运车辆，企业应当安排专业技术人员在每日出车前或收车后按照相关规定对客运车辆的技术状况进行检查；每月检查车内安全带、应急锤、灭火器、三角警告牌以及应急门、应急窗、安全顶窗的开启装置等是否齐全、有效，安全出口通道是否畅通，确保客运车辆应急装置和安全设施处于良好的技术状况；在检查中，应主动排查并及时消除车辆安全隐患。

3. 充分发挥道路运输车辆动态监控系统作用

配备符合法规数量要求的专职安全监控人员,确保在车辆运输过程中全程有人监控值守;充分落实"车辆一动、全程受控"要求,完善日常的故障处置机制,当道路运输车辆动态监控装置发生故障后,专职安全监控人员应及时汇报和跟踪,企业应根据预案安排临时客运车辆替代运营,并及时报修运营服务商处理,待故障消除后,车辆才可继续上路运营;企业对动态监控系统报警的交通违法行为需及时跟进处理,坚持每月对客运驾驶员的道路交通违法信息和事故信息进行分析,及时进行针对性的教育,同时加强与道路运输管理部门的沟通和实时信息报送,做好动态监控和违法驾驶信息及处理情况数据的保存工作。

4. 加强对道路运输包车标志牌的管理工作

规范和加强道路客运包车客运标志牌管理制度,安排专人负责客运包车标志牌的统一管理工作,不发放空白包车客运标志牌给任何人,客运标志牌领用应签字登记,运输任务结束后及时交回;企业严格按照国家和地方性法规要求,规范业务操作流程和申请材料,不走捷径,严格通过包车客运信息管理系统进行包车标志牌申领;企业应积极主动与业务量较大的包车线路起始地和目的地运管部门配合,采用信息化和大数据手段,开展道路客运电子包车牌的网上实时办理业务。

5. 加强对驾驶员安全教育和应急处置训练

加强对营运客车驾驶员的入职培训和日常教育培训,每月不少于1次,每次不少于2学时,在驾驶员接受安全教育培训后,对客运驾驶员教育培训的效果进行统一考核,考核结果及有关资料应纳入客运驾驶员教育培训档案;完善驾驶员驾驶证和从业资格证审验教育培训,加大对客运驾驶员道路交通安全法律法规、安全行车常识、典型事故案例等内容的教学,时刻强化安全责任意识;制定完善应急预案,明确客运车辆驾驶员的应急处置职责和程序,切实开展应急演练,有效提升突发紧急情况下的应急处置能力和水平。

第2节 陕西安康京昆高速公路"8·10"特别重大道路交通事故

一、事故概况

2017年8月10日,陕西省安康市境内京昆高速秦岭1号隧道南口,发生一起大客车碰撞隧道洞口端墙的特别重大道路交通事故,造成36人死亡、13人受伤,直接经济损失约3533万元。

事发当天,河南省洛阳交通运输集团有限公司驾驶员王某某驾驶号牌为豫C88858的大型普通客车,临时替换洛阳至成都客运班线上四川省汽车运输成都公司的川AE06U号大型卧铺客车,从四川省成都市城北客运中心出发前往河南省洛阳市,核载51人,事发时实载49人。当天,23时30分,当该车行驶至陕西省安康市境内京昆高速公路秦岭1号隧道南口1164km处时，正面冲撞隧道洞口端墙，导致车辆前部严重损毁变形、座椅脱落挤压，造成重大人员伤亡。

经国务院陕西安康京昆高速公路"8·10"特别重大道路交通事故调查组认定，陕西安康京昆高速公路"8·10"特别重大道路交通事故是一起安全生产责任事故。

事故直接原因是：事故车辆的驾驶员超速行驶、疲劳驾驶，致使车辆向道路右侧偏离，正面冲撞秦岭1号隧道洞口端墙。其他间接原因还包括事故现场路面视认效果不良，以及车辆座椅受冲击脱落等。

根据调查组处理结果，事故责任企业洛阳交运集团、富临运业成都公司和四川汽运成都公司被所在省份安全监管部门处以罚款；洛阳交运集团客运六公司、八公司、城北客运中心以及四川汽运成都四公司被所在省份交通运输部门责令停业整顿，客运企业3年内不得新增客运班线，经停业整顿仍不具备安全生产条件的，按规定予以关闭（注：《道路旅客运输及客运站管理规定》第八十七条："客运经营者、客运站经营者已不具备开业要求的有关安全条件、存在重大运输安全隐患的，由县级以上道路运输管理机构责令限期改正；在规定时间内不能按要求改正且情节严重的，由原许可机关吊销《道路运输经营许可证》或者吊销相应的经营范围。"）。

事故结束后共计处理经营责任单位20人，除已在事故中丧生的王某某等3名驾驶员被免于追求法律责任外，包括聂某某等4名大客车主要承包人，因涉嫌重大责任事故罪已被刑事拘留；洛阳交运集团李某某等8名负责车辆调度、车辆经营、安全监管、站场管理、出站检查的管理人员和分管领导因涉嫌重大责任事故罪、玩忽职守罪被刑事拘留；四川汽运城北客运中心杨某某等4名负责安全管理的管理人员和分管领导因涉嫌重大责任事故罪被刑事拘留；洛阳交运集团客运总公司以及长运站务公司、洛阳交运集团客运八公司、城北客运中心、四川汽运成都四公司的4名主要负责人处以罚款，终身不得担任本行业生产经营单位的主要负责人。

二、事故责任单位存在的安全生产管理问题

事故暴露出道路运输经营责任单位在落实安全主体责任方面存在诸多安全问题。

1. 驾驶员安全教育和管理不到位，导致疲劳驾驶、超速驾驶

事故发生前，事故车驾驶员王某某，从7月3日至8月9日的38天时间里，事故车驾驶员王某某只休息了1个趟次（2天）。事发当天，事故车驾驶员王某某在夜间连续驾车达2h29min，休息不充分，不符合国家法规要求（注：《道路旅客运输企业安全管理规范》第三十八条："客运企业在制定运输计划时应当严格遵守客运驾驶员驾驶时间和休息时间等规定：……夜间连续驾驶时间不得超过2h……任意连续7日内累计驾驶时间不得超过44h……企业应主动查处客运驾驶员违反驾驶时间和休息时间等规定的行为，发现客运驾驶员违反驾驶时间和休息时间等规定驾驶客运车辆时，应及时采取措施纠正。"），处于严重疲劳状态，因此在发生碰撞前，驾驶员未采取转向、制动等任何安全措施。

同时,事发前车速超过80km/h,高于事发路段限速60km/h,超出限定车速约33%至43%(注:《中华人民共和国道路交通安全法》第四十二条:"机动车上道路行驶,不得超过限速标志标明的最高时速。在没有限速标志的路段,应当保持安全车速";《道路旅客运输企业安全管理规范》(交运发〔2018〕55号)三十七条:"客运企业在制定运输计划时应当严格遵守通行道路的限速要求…夜间(22时至次日6时)行驶速度不得超过日间限速80%的要求,不得制定导致客运驾驶员按计划完成运输任务将违反通行道路限速要求的运输计划。")。

正是由于疲劳驾驶和超速驾驶双重作用,事故车驾驶员才会在发生碰撞前未采取转向、制动等任何安全措施,导致车辆撞上隧道口发生事故。造成事故车驾驶员疲劳驾驶和超速驾驶的主要根源包括:一是事故责任企业对驾驶员日常安全教育不到位,导致驾驶员安全责任和意识不强;二是事故责任企业日常安全管理制度存在漏洞。在执行国家规定的安全驾驶时间要求上,有规定但是保障措施不具体,对驾驶员休息情况掌握不清,对超速等违法行为识别和管理手段跟不上,导致安全生产管理流于形式。

2. 运输生产安全管理不到位,违规进行顶班操作

事发前一天,在得知原执行班线车辆因故障不能继续发车后,事故车实际承包人聂某某,未按规定(注:《道路旅客运输及客运站管理规定》第六十四条:"进站客运经营者因故不能发班的,应当提前1日告知客运站经营者,双方要协商调度车辆顶班。")与四川汽运成都四公司及锦远汽车站进行沟通,以聂某某等3名车辆承包人的名义申请顶班发车。四川汽运成都四公司在事发当天上午发现原执行车辆因故障未出班,但未就车辆顶班事宜与线路对开公司进行沟通协调。

负责线路运营的洛阳交运集团客运六公司业务人员高某某,在未与全部3名驾驶员见面的情况下,直接提供了加盖公章签名的空白驾驶员安全责任书,洛阳交运集团客运总公司客运处、成都锦远汽车站、洛阳市道路运输管理局驻锦远汽车站监督员审核把关不严,为事故车辆依次办理了报班发车手续和临时客运标志牌。

按照事故责任企业洛阳交运集团内部规定,顶班车申请办理临时客运标志牌,除了填写临时客运标志牌申请表,需要查验驾驶证、从业资格证、车辆行驶证、道路运输证、道路客运班线经营许可证、车辆保险单等相关证件,签订驾驶员安全责任书,并对车辆进行安全例检。但是事故车的顶班操作手续和流程完全没有执行,这说明事故责任企业存在安全管理制度不执行,为了图省事流于形式,对所属承包性质车辆放任不管的事实。正是由于存在不依法规,不遵程序,麻痹疏忽等突出问题,安全监管成了明显的形式主义,才会导致事故的发生。

3. 站场安检不落实,出站检查流于形式

事故车是以聂某某等3名车辆承包人为顶班驾驶员申报顶班发车手续的,实际执行任务的却是王某某等另外3名驾驶员,申报人和实际执行人不符;此外,事故车出站时,城北客运中心出站安检员在检查过程中,没有严格检查相关证件、没有认真核对出站乘客人数。3名驾驶员有2人未在出站登记表上签字确认,同时有19人未购票

上车。

不管是驾驶员人证相符情况,还是乘客的情况均不符合国家规定。(注:《汽车客运站安全生产规范》第八条:"汽车客运站经营者应当对进出汽车客运站的人员和行李物品、车辆进行严格检查,确保'三不进站'和'六不出站',……'六不出站'指:超载营运客车不出站、安全例行检查不合格营运客车不出站、旅客未系安全带不出站、驾驶员资格不符合要求不出站、营运客车证件不齐全不出站、'出站登记表'未经审核签字不出站";《道路旅客运输及客运站管理规定》(交通运输部令2016年第82号)第四十九条:"旅客乘车前,客运站经营者应当对车票记载的身份信息与旅客及其有效身份证件原件(以下简称票、人、证)进行一致性核对并记录有关信息。对拒不提供本人有效身份证件原件或者票、人、证不一致的,不得允许其乘车";《交通运输部关于印发汽车客运站营运客车安全例行检查及出站检查工作规范的通知》(交运发〔2012〕762号)中《汽车客运站营运客车出站检查工作规范》第十条:"出站检查工作人员应当对每一辆出站客车进行检查,检查合格并经出站检查人员与受检驾驶员签字确认后才准予出站")。

4. 车辆动态监管手段滞后,违法信息未能及时处理

首先是事故责任企业动态监控平台未设置分段限速报警阈值,高速公路超速报警阈值根本没有遵守国家法规要求(《道路运输车辆动态监控管理办法》(交通运输部令2016年第55号)第二十五条:"道路运输企业应当根据法律法规的相关规定以及车辆行驶道路的实际情况,按照规定设置监控超速行驶和疲劳驾驶的限值,以及核定运营线路、区域及夜间行驶时间等,在所属车辆运行期间对车辆和驾驶员进行实时监控和管理。"),将限速报警阈值一律设置为90km/h(事故路段限速为60km/h)。

其次是,事故责任企业动态监管手段不得力,跟进不及时,效果不明显。据统计,事故发生前,有多次超速报警提示和疲劳驾驶报警16次,动态监控平台处理方式为自动向车辆发送短信提示(注:《道路运输车辆动态监督管理办法》(交通运输部令2016年第55号)第二十六条:"监控人员应当实时分析、处理车辆行驶动态信息,及时提醒驾驶员纠正超速行驶、疲劳驾驶等违法行为,并记录存档至动态监控平台;对经提醒仍然继续违法驾驶的驾驶员,应当及时向企业安全管理机构报告,安全管理机构应当立即采取措施制止;对拒不执行制止措施仍然继续违法驾驶的,道路运输企业应当及时报告公安机关交通管理部门,并在事后解聘驾驶员。")。

三是事故责任企业违法国家规定,未组织监控人员开展岗位培训,相关人员未经考核即上岗工作(注:《道路运输车辆动态监督管理办法》(交通运输部令2016年第55号)第二十二条:"监控人员应当掌握国家相关法规和政策,经运输企业培训、考试合格后上岗。")。

5. 安全隐患排查整改工作不彻底,安全生产风险仍然突出

事故责任企业之一洛阳交运集团,在2017年2月8日春运期间,曾在福建三明福银高速公路发生较大道路交通事故,造成4人死亡、1人重伤、20余人受伤,直接经济

损失260万元。事后该企业被有关部门依法要求限期整改(注:《道路旅客运输企业安全管理规范》第七十三条:"客运企业应当对排查出的安全隐患进行登记和治理,落实整改措施、责任人和完成时限,及时消除安全隐患。对于能够立即整改的安全隐患,客运企业立即组织整改;对于不能立即整改的安全隐患,客运企业应当组织制定安全隐患治理方案,依据方案及时进行整改;对于自身不能解决的安全隐患,客运企业应当立即向有关部门报告,依据有关规定进行整改。")。整改重点是:动态监管工作落实不到位、动态监控被驾驶员人为关闭、动态监控长时间不在线导致车辆超速行驶、连续驾驶、"趟检"管理制度落实不到位、事故车辆未进站发车、未进行例检、站外和途中沿路随意停车上下旅客等安全隐患。

事隔半年,以上整改的问题大部分在本次事故中仍体现出来,这说明洛阳交运集团未能深刻汲取上次安全生产事故教训,整改措施流于形式,整改的结果完全不达标,这才造成了历史的又一次惨痛重演。

三、事故经验教训

1. 加强驾驶员安全教育和日常管理,消除疲劳驾驶、超速驾驶根源

一是落实《道路旅客运输企业安全管理规范》相关要求,做好驾驶员日常管理制度建设。建立和完善客运驾驶员聘用、岗前培训、安全教育培训及考核、从业行为定期考核、信息档案管理、调离和辞退、安全告诫、防止客运驾驶员疲劳驾驶等制度体系。

二是加强对驾驶员的安全教育。按月组织驾驶员进行安全学习,每年组织开展新聘驾驶员的岗前培训、在岗驾驶员的脱产轮训和违章、事故驾驶员的重点复训;对排查的重点驾驶员采取"一对一"安全教育谈心和帮教;认真组织开展出车前安全告诫,对两头在外的驾驶员通过网络信息手段等方式开展教育,扩大教育面,力争做到全覆盖。

三是利用网络平台和大数据分析加强对驾驶员身体情况、排班情况和休息情况的动态监控,严格执行国家关于安全驾驶时间的要求,合理安排驾驶员的排班,保障驾驶员的落地休息时间,严禁驾驶员疲劳驾驶、带病驾驶。

2. 细化安全生产管理重点环节,严格把关车辆顶班手续

一是探索和做好长途客运班线接驳运输工作。按照交通运输部《道路客运接驳运输管理办法(试行)》(交运发[2017]208号)要求,在充分排查800km以上客运班线安全隐患的基础上,积极探索实施分段式接驳运输,做好接驳线路的设计,调整发班安排,避免凌晨2时至5时载客运营;对于白天运行超过4h,晚上超过2h的线路,企业需设置合理的驾驶员停车休息点,避免驾驶员疲劳驾驶;此外,积极与行业管理部门沟通,力争在一条线路上,尽量由一个企业负责运输组织,降低信息不对等的风险。

二是加强顶班流程监管。因故需要顶班的车辆必须提前尽早告知运营方,客运站应严格报班手续,查清顶班原因,在严格审核有效驾驶证、从业资格证、行驶证、道路运输证、客运标志牌或加班线路牌、安全例检通知单等证件的基础上,核准顶班。

三是加强对承包经营者的管理。严把承包经营者准入关,将安全意识淡薄、素质低下,只求经济效益,忽视安全生产,没有责任心的承包经营者拒之门外;同时完善、健全、细化承包经营的安全管理制度,进一步明确承包经营者的职责,并将承包经营的安全管理制度、职责落到实处,加强对承包车辆报班审核,防止私自安排车辆进行顶班。

3. **严格站场安全生产管理,堵塞出站安检漏洞**

一是依法依规做好站场安检工作。严格落实《汽车客运站安全生产规范》(交运规〔2019〕13号)和《交通运输部关于印发汽车客运站营运客车安全例行检查及出站检查工作规范的通知》(交运发〔2012〕762号)相关要求,认真检查出站客车报班所需的《安全例检合格通知单》、行驶证、道路运输证、客运标志牌的完备性,核验驾驶员是否车证一致,清点载客人数,制止超载、无票上车、安全带不系等行为,守住客运站场安全底线。

二是加强对站场安检人员的管理和教育。按照要求,设置专门的例检场所和辅助用房,配备好安全例检所需的检验工具和量具,做好例检人员的技能培训和工作职责考核,强化对例检工作的监督和管理,保证营运客车安全例行检查技术规范标准的有效实施。

4. **提升动态监控技术水平,加强违法行为及时有效处理**

一是加强与动态监控系统运营服务商合作,开发能够识别不同道路等级的限速规定功能的动态监控系统,拓展系统的大数据统计分析能力,深入优化系统对疲劳驾驶、不按规定路线行驶、违规站外揽客等违法违规行为的自动识别报警功能,有效提高系统的精准化、科学化、智能化水平。

二是对超速、超时和运营数据异常的车辆,要及时告知违章驾驶员,并进行跟踪直至纠正违章行为,整个监控过程记录在案。

三是通过大数据分析,定期对违法违规行为进行汇总分析,对经常违法的驾驶员重点监控,建立健全岗位责任制、责任追究制,加强安全教育和惩罚力度,必要时清退出驾驶员队伍。

5. **强化企业制度体系建设,消除重大安全隐患**

一是坚持防治并举,构建安全生产隐患排查治理和风险分级管控体系。制定安全风险分级管控和隐患排查治理双重预防机制实施方案,全方位排查和辨识线路运营、车辆管理、站务管理中的风险源,按照危险程度及可能造成后果的严重性,确定安全风险等级,筑牢安全底线,提升整体安全防控能力。

二是层层夯实安全责任,加强整改和责任倒查。建立健全安全生产管理机构,完善安全生产管理制度,并严格执行安全生产制度、规范和技术标准;对于行业管理部门通报的重大安全隐患,必须及时进行整改并对整改结果进行内部检查;整改没有通过管理部门验收的线路、车辆、场所等应暂时停止营运行为,整改不彻底的部门和个人,视同发生生产安全事故进行责任追究、严肃处理。

三是组织全员尤其是领导者和管理人员开展安全生产事故警示学习,汲取他人教训、排查自身问题,针对暴露的问题提出针对性的解决措施。

第3节 晋济高速公路山西晋城段岩后隧道"3·1"特别重大道路交通危化品燃爆事故

一、事故概况

2014年3月1日14时45分许,位于山西省晋城市泽州县的晋济高速公路山西晋城段岩后隧道内,两辆运输甲醇的铰接列车追尾相撞,甲醇泄漏起火燃烧,隧道内滞留的另外两辆危险化学品运输车和31辆煤炭运输车等车辆被引燃引爆,造成40人死亡、12人受伤和42辆车烧毁,直接经济损失8197万元。

事故当天,晋济高速公路解除因降雪封闭采取的交通管制措施,事故路段车流量逐渐增加,事发时岩后隧道右侧车道排队等候,左侧车道行驶缓慢。14时45分许,山西省晋城市福安达物流有限公司运输甲醇的一辆铰接列车(事发时位于后方,以下简称后车)驶入岩后隧道后,突然发现前方大约5~6m处停有前车,驾驶员采取紧急制动措施,追尾河南省焦作市孟州市汽车运输有限责任公司运输甲醇的一辆铰接列车(事发时位于前方,以下简称前车),碰撞致使后车前部与前车尾部铰合在一起,造成前车尾部的防撞设施及卸料管断裂、甲醇泄漏,后车前脸损坏。前车未关闭主卸料管根部球阀,向前移动1.18m后停住,甲醇起火燃烧。甲醇形成流淌火迅速引燃了两辆事故车辆和附近车辆,由于事发时受气象和地势影响,隧道内气流由北向南,且隧道南高北低,高差达17.3m,形成"烟囱效应",隧道内滞留的另外两辆危险化学品运输车和31辆煤炭运输车等车辆被引燃引爆。

经国务院晋济高速公路山西晋城段岩后隧道"3·1"特别重大道路交通危化品燃爆事故调查组调查认定,晋济高速公路山西晋城段岩后隧道"3·1"特别重大道路交通危化品燃爆事故是一起生产安全责任事故。

事故的直接原因是:后车驾驶员未能及时发现前车,距前车仅5~6m时才采取紧急制动措施,且车辆存在超载行为,影响制动距离,导致追尾。前车罐体未按标准规定安装紧急切断阀,造成甲醇泄漏。追尾造成车辆电器短路后,引燃泄漏的甲醇,造成车辆起火燃烧。

依据有关规定,对山西省晋城市福安达物流有限公司肇事车辆驾驶员、押运员、法定代表人、车队队长,河南省孟州市汽车运输有限责任公司肇事车辆驾驶员、押运员、法定代表人、副经理、安全科科长、货运科科长、安全科GPS监控中心职工、肇事车辆实际车主共12人移送司法机关处理。依据《安全生产法》《生产安全事故报告和调查处理条例》等有关法律法规的规定,建议责成山西省安全监管局、河南省安全监管局对相关责任企业及其主要负责人处以法定上限的罚款。

二、事故责任单位存在的安全生产管理问题

该事故暴露出事故责任单位危险货物道路运输企业在落实安全生产主体责任方面存在诸多问题,主要有以下5个方面。

1. 企业应急预案编制和应急演练不符合规定要求

追尾碰撞致使后车前部与前车尾部铰合在一起,造成前车尾部的防撞设施及卸料管断裂、甲醇泄漏,后车前脸损坏。前车押运员发现甲醇泄漏后为关闭主卸料管根部球阀,要求驾驶员向前移动车辆。该车向前移动1.18m后停住,地面泄漏的甲醇起火燃烧。甲醇泄漏后驾驶员和押运员的应急处置措置不当,不符合规定要求,导致泄漏的甲醇燃烧。发现着火后,两辆事故车辆的驾驶员和押运员跑出隧道,虽警示前方驾乘人员后方起火,但未采取适当的灭火措施。

2. 企业未按照相关规定充装介质

此次事故中的两辆危险化学品罐式半挂车实际运输介质均与设计充装介质、公告批准、合格证记载的运输介质不相符。山西省晋城市福安达物流有限公司没有按照国家发展改革委第5号公告《车辆生产企业及产品(第115批)》批准及《机动车辆整车出厂合格证》记载的介质要求进行充装。河南省焦作市孟州市汽车运输有限责任公司没有按照工业和信息化部工产业〔2010〕第107号公告《车辆生产企业及产品(第215批)》批准及《机动车辆整车出厂合格证》记载的介质要求进行充装。

按照《道路运输液体危险货物罐式车辆 第1部分:金属常压罐体技术要求》(GB 18564.1—2006)的要求,不同的介质因为化学特性差异,在计算压力、卸料口位置和结构、安全泄放装置的设置要求等方面均存在差异,不按出厂标定介质充装,造成安全隐患。

3. 从业人员安全培训教育制度不落实

事故中的危险货物道路运输企业从业人员安全教育培训制度不落实,驾驶员和押运员习惯性违章操作,罐体底部卸料管根部球阀长期处于开启状态。

山西省晋城市福安达物流有限公司的肇事车辆在行车记录仪于2014年1月3日发生故障后,仍然继续从事运营活动,违反了《国务院关于加强道路交通安全工作的意见》(国发〔2012〕30号)的有关规定。

4. 企业存在"以包代管"问题

河南省焦作市孟州市汽车运输有限责任公司未能吸取2012年包茂高速公路陕西延安"8·26"特别重大道路交通事故教训,仍然存在"以包代管"问题。

5. 车辆不符合国家标准

两辆事故半挂车罐体都未安装紧急切断阀,不符合《道路运输液体危险货物罐式车辆 第1部分:金属常压罐体技术要求》(GB 18564.1—2006)标准的规定,属于不合格产品。

前车罐体壁厚为4.5mm,不符合《道路运输液体危险货物罐式车辆 第1部分:

金属常压罐体技术要求》(GB 18564.1—2006)标准要求。前车未经过检验机构检验销售出厂,不符合《危险化学品安全管理条例》的规定。

三、事故经验教训

针对事故暴露出来的问题,危险货物道路运输企业要吸取经验教训,切实落实企业安全生产主体责任,提高安全生产水平。该事故的经验教训主要有以下5个方面。

1. 切实落实安全生产主体责任

危险货物道路运输企业要严格执行国家有关法律法规和规章标准,建立健全安全生产责任制、安全管理规章制度,并认真贯彻落实,坚决杜绝"包而不管、挂而不管、以包代管、以挂代管"的情况发生。

2. 加强驾驶员、押运员安全生产培训教育和管理工作

危险货物道路运输企业要加强驾驶员、押运员安全生产培训、教育和管理工作,建立完善的安全培训、考核制度和录用、淘汰机制,着力提升从业人员的法治意识、安全意识和安全技能,严禁不具备相应资质、安全培训不合格和安全记录不良的人员驾驶危险货物机动车辆。

道路危险货物运输从业人员必须熟悉有关安全生产的法规、技术标准和安全生产规章制度、安全操作规程,了解所装运危险货物的性质、危害特性、包装物或者容器的使用要求和发生意外事故时的处置措施。

3. 选购合格运输车辆,保持车辆技术状况良好

危险货物道路运输企业选购车辆的技术要求应当符合《道路运输车辆技术管理规定》有关要求。罐式专用车辆的罐体应当经质量检验部门检验合格,且罐体载货后总质量与专用车辆核定载质量相匹配。企业应当按照《道路运输车辆技术管理规定》中有关车辆管理的规定,维护、检测、使用和管理专用车辆,确保专用车辆技术状况良好。

使用罐式专用车辆运输货物时,罐体载货后的总质量应当和车辆核定载质量相匹配;使用牵引车运输货物时,挂车载货后的总质量应当与牵引车的准牵引总质量相匹配。

4. 加强动态监控管理,及时纠正违法驾驶行为

危险货物道路运输企业要落实安全监控主体责任,切实加强对所属车辆和驾驶员的动态监管。企业要确保运输车辆安装符合《道路运输车辆卫星定位系统车载终端技术要求》的GPS卫星定位装置,并保证车辆监控数据准确、实时、完整地传输。企业应当通过卫星定位监控平台或者监控终端及时纠正和处理超速行驶、疲劳驾驶、不按规定线路行驶等违法违规驾驶行为。

5. 应急预案编制要符合规定要求

危险货物道路运输企业应制定突发事件应急预案,配备应急救援人员和必要的应急救援器材、设备,并定期组织应急救援演练,严格落实各项安全制度,提高从业人员

的应急水平。

车辆应当配备符合有关国家标准以及与所载运的危险货物相适应的应急处理器材和安全防护设备。从业人员要熟悉其运输货物的危险特性并掌握应急处理措施。

第4节 荣乌高速公路烟台莱州段"1·16"重大道路交通事故

一、事故概况

2015年1月16日17时52分许,荣乌高速公路烟台莱州段饮马池大桥上发生一起4车相撞的重大道路交通事故,造成12人死亡,6人受伤,4辆车不同程度损毁,直接经济损失约1100万元。

事故当天,因降雪导致荣乌高速公路烟台莱州段饮马池大桥上形成冰雪路面,路面附着系数降低。17时52分许,一辆"五菱牌"小型面包车沿荣乌高速公路由西向东行驶至饮马池大桥,因路面结冰,小型面包车失控,与中央隔离带钢板护栏碰撞后停在应急车道上。"五菱牌"小型面包车发生事故之后,一辆"解放牌"重型罐式油品运输货车行驶至饮马池大桥,车辆发生侧滑后尾部与桥南侧水泥护栏发生碰撞剐蹭,向前行驶中撞到"五菱牌"小型面包车左后尾部,共行驶71.55m后,货车的左前部又与中央隔离带钢板护栏剐蹭后,车辆向右后方移动2.98m,斜向停于左侧车道和右侧车道之间。之后行驶至此的一辆大型普通客车右前侧与重型罐式货车的左后尾部发生碰撞,车体朝东北方向停在左侧车道、右侧车道和应急车道上,碰撞造成罐式货车卸油口损坏,所载汽油泄漏。之后一辆行驶至此的小型越野客车的右前部撞到大型普通客车左侧中前部,撞击产生的火花引起油罐车泄漏的汽油蒸气与空气的混合物爆燃,引燃4辆事故车辆。

2015年1月17日,山东省政府批准成立了由省安监局、省监察厅、省公安厅、省交通运输厅、省总工会、烟台市政府有关负责同志等参加的荣乌高速公路烟台莱州段"1·16"重大道路交通事故责任调查组,开展事故调查工作。经调查认定,荣乌高速公路烟台莱州段"1·16"重大道路交通事故是一起道路交通生产安全责任事故。

事故直接原因是:重型罐式油品运输货车押运员违反油罐车安全操作规范,在非装卸时未关闭紧急切断阀,与大型普通客车碰撞导致货车罐体卸料口损坏,汽油泄漏;重型罐式油品运输货车超载并在冰雪路面超速行驶,因操作失误造成车辆失控;大型普通客车在冰雪路面超速行驶,操作不当;小型越野客车在冰雪路面超速行驶,采取措施过晚,与大型普通客车碰撞产生火花,引起油品运输货车罐体泄漏的汽油蒸气与空气的混合物爆燃。

依据有关规定,大型普通客车驾驶员,在事故中死亡,免于追究责任。重型罐式油品运输货车的实际车主、押运员、驾驶员、沧州临港广通运输有限公司股东共5人涉嫌危险物品肇事罪被司法机关采取措施。烟台交运集团有限责任公司牟平运输分公司安全保卫处处长、经理,烟台交运集团有限责任公司安全保卫部部长、安全总监共4人,依法依纪给予不同程度的党纪、政纪处分。

二、事故责任单位存在的安全生产管理问题

该事故暴露出事故责任道路运输企业在落实安全生产主体责任方面存在诸多问题,主要有以下5个方面。

1. 危货运输企业安全管理制度形同虚设,日常安全管理严重缺失

肇事重型罐式油品运输货车系车主个人所有,车辆挂靠登记在河北沧州临港广通运输有限公司,双方签有挂靠服务合同,车主每年向挂靠公司缴纳挂靠费、二级维护费及GPS服务费等。河北沧州临港广通运输有限公司未落实危险货物运输安全生产主体责任,安全管理制度形同虚设,日常安全管理严重缺失,所登记车辆全部为挂靠车辆并放任车辆自由运行,对挂靠车辆挂而不管。

2. 危货运输企业对驾驶员未进行安全教育培训

河北沧州临港广通运输有限公司对驾驶员未进行安全教育培训,致使肇事重型罐式油品运输货车长期存在重大安全隐患。重型罐式油品运输货车超载并在冰雪路面超速行驶,因操作失误造成车辆失控,发生碰撞。

3. 押运员不具备从业资格,违反油罐车安全操作规范

重型罐式油品运输货车押运员不具备从业资格,押运人员未参加从业资格考试,资格证系通过邮寄资金、邮寄送达方式购买。押运员违反油罐车安全操作规范,非装卸时未关闭紧急切断阀,碰撞造成卸料口损坏,所装汽油泄漏。

4. 车辆罐体"大罐小标",超载运输

重型罐式油品运输货车的罐体属不合格产品,罐体的生产企业没有取得强制性产品认证,违法生产肇事重型罐式货车罐体,且罐体实际容积大于公告要求的容积,属"大罐小标"。重型罐式油品运输货车车辆核定载质量16230kg,事故发生时实载21920kg,超载35%。

5. 客运企业安全生产主体责任落实不到位

事故中大型普通客车所属的烟台交运集团有限责任公司及其牟平运输分公司客运安全生产主体责任落实不到位。对驾驶员安全教育培训不力,对肇事客车在冰雪路面超速行驶、驾驶员应急处置管理不到位。肇事客车未完全按照规定线路行驶。

三、事故经验教训

为吸取事故教训,有效防止和减少类似事故发生,该事故的经验教训总结为以下4个方面。

1. 使用安全技术条件符合国家标准的车辆和设备

危险货物道路运输企业应当使用安全技术条件符合国家标准要求且与承运危险

货物性质、质量相匹配的车辆、设备进行运输。并应当按照运输车辆的核定载质量装载危险货物,不得超载运输。驾驶员应当确保罐式车辆罐体、可移动罐柜、罐箱的关闭装置在运输过程中处于关闭状态。

2. 选聘合格从业人员,加强从业人员教育培训

危险货物道路运输企业要聘用经所在地设区的市级人民政府交通运输主管部门考试合格,并取得相应的从业资格证的驾驶员、装卸管理人员和押运人员。未取得从业资格的严禁上岗作业。从业人员必须熟悉有关安全生产的法规、技术标准和安全生产规章制度、安全操作规程,了解所装运危险货物的性质、危害特性、包装物或者容器的使用要求和发生意外事故时的处置措施。

危险货物道路运输企业应当通过岗前培训、例会、定期学习等方式,对从业人员进行经常性安全生产、职业道德、业务知识和操作规程的教育培训。提高作业人员按规程、规范操作的意识和能力。

3. 加强动态监控,严禁超速行驶

道路危险货物运输企业应当要求驾驶员和押运人员在运输危险货物时,严格遵守有关部门关于危险货物运输线路、时间、速度方面的有关规定。危险货物运输车辆在高速公路上行驶速度不得超过 80km/h,在其他道路上行驶速度不得超过 60km/h。道路限速标志、标线标明的速度低于上述规定速度的,车辆行驶速度不得高于限速标志、标线标明的速度。

道路危险货物运输企业应当通过卫星定位监控平台或者监控终端及时纠正和处理超速行驶、疲劳驾驶、不按规定线路行驶等违法违规驾驶行为。

4. 运输企业要落实安全生产主体责任

危货运输企业要落实企业主体责任,建立健全安全生产责任制和各项管理制度,加强日常安全管理,并不断完善应急预案,组织开展应急演练,不断提高事故应急处置能力和安全生产水平。

客运企业要落实安全生产主体责任,应增加驾乘人员安全生产培训频次,加强对乘客逃生教育,在客车上设置明显的逃生通道指示标志,发生紧急情况及时引导乘客逃生。要进一步完善应对恶劣天气及路况的措施和预案,确保特殊气象条件和路况下的安全行驶。要加强车辆管理,所有客运车辆必须按照规定线路行驶,需要进行线路调整的,须报经许可部门同意后,方可实施。

附　　录

附录 A　安全生产法律法规

（1）《中华人民共和国安全生产法》（2002 年 6 月 29 日中华人民共和国主席令第 70 号公布；依据 2009 年 8 月 27 日中华人民共和国主席令第 18 号第一次修正；依据 2014 年 8 月 31 日中华人民共和国主席令第 13 号第二次修正）。

（2）《中华人民共和国道路交通安全法》（2003 年 10 月 28 日中华人民共和国主席令第 8 号公布；依据 2007 年 12 月 29 日中华人民共和国主席令第 81 号第一次修正；依据 2011 年 4 月 22 日中华人民共和国主席令第 47 号第二次修正）。

（3）《中华人民共和国反恐怖主义法》（2015 年 12 月 27 日中华人民共和国主席令第 36 号公布；依据 2018 年 4 月 27 日中华人民共和国主席令第 47 号令第一次修正）。

（4）《国务院关于特大安全事故行政责任追究的规定》（2001 年 4 月 21 日中华人民共和国国务院令第 302 号公布）。

（5）《生产安全事故报告和调查处理条例》（2007 年 4 月 9 日中华人民共和国国务院令第 493 号公布）。

（6）《危险化学品安全管理条例》（2002 年 1 月 26 日中华人民共和国国务院令第 344 号公布；依据 2011 年 3 月 2 日中华人民共和国国务院令第 591 号第二次修正；依据 2013 年 12 月 7 日中华人民共和国国务院令第 645 号第三次修正）。

（7）《中华人民共和国道路交通安全法实施条例》（2004 年 4 月 30 日中华人民共和国国务院令第 405 号公布；根据 2017 年 10 月 7 日国务院令第 687 号第一次修正）。

（8）《中华人民共和国道路运输条例》（2004 年 4 月 30 日中华人民共和国国务院令第 406 号公布；依据 2012 年 11 月 9 日中华人民共和国国务院令第 628 号第一次修正；依据 2016 年 2 月 6 日中华人民共和国国务院令第 666 号第二次修正；根据 2019 年 3 月 2 日中华人民共和国国务院令第 709 号第三次修正）。

（9）《生产安全事故应急条例》（2019 年 2 月 17 日中华人民共和国国务院令第 708 号公布）。

附录 B 安全生产部门规章

(1)《安全生产事故隐患排查治理暂行规定》(2007 年 12 月 28 日国家安全生产监督管理总局令第 16 号公布)。

(2)《生产安全事故应急预案管理办法》(2016 年 6 月 3 日国家安全生产监督管理总局令第 88 号公布;根据 2019 年 7 月 11 日应急管理部令第 2 号第一次修正)。

(3)《生产安全事故罚款处罚规定(试行)》(2007 年 7 月 12 日国家安全监管总局令第 13 号公布;根据 2011 年 9 月 1 日国家安全监管总局令第 42 号第一次修正;根据 2015 年 4 月 2 日国家安全监管总局令第 77 号第二次修正)。

(4)《安全生产培训管理办法》(2012 年 1 月 19 日国家安全监管总局令第 44 号公布;根据 2013 年 8 月 29 日国家安全监管总局令第 63 号第一次修正;根据 2015 年 5 月 29 日国家安全监管总局令第 80 号第二次修正)。

(5)《生产经营单位安全培训规定》(2005 年 12 月 28 日国家安全监管总局令第 3 号公布;根据 2013 年 8 月 29 日国家安全监管总局令第 63 号第一次修正;根据 2015 年 5 月 29 日国家安全监管总局令第 80 号第二次修正)。

(6)《道路运输车辆技术管理规定》(2016 年 1 月 22 日交通运输部令第 1 号公布;根据 2019 年 6 月 21 日交通运输部 19 号令第一次修正)。

(7)《道路运输车辆动态监督管理办法》(2014 年 1 月 28 日交通运输部 公安部 国家安全生产监督管理总局令第 5 号公布;根据 2016 年 4 月 20 日交通运输部令第 55 号修正)。

(8)《道路旅客运输及客运站管理规定》(2005 年 7 月 12 日交通部令第 10 号公布;根据 2016 年 12 月 6 日交通运输部令第 82 号第六次修正)。

(9)《道路危险货物运输管理规定》(2013 年 1 月 23 日交通运输部令第 2 号公布;根据 2016 年 4 月 11 日交通运输部令第 36 号第一次修正;根据 2019 年 11 月 28 日交通运输部令第 42 号第二次修正)。

(10)《道路货物运输及站场管理规定》(2005 年 6 月 16 日交通部令第 6 号公布;根据 2019 年 6 月 20 日交通运输部令第 17 号第五次修正)。

(11)《道路运输车辆技术管理规定》(2016 年 1 月 22 日交通运输部令第 1 号公布;根据 2019 年 6 月 21 日交通运输部令第 19 号第一次修正)。

(12)《道路运输车辆动态监督管理办法》(2014 年 1 月 28 日交通运输部 公安部 国家安全生产监督管理总局令第 5 号公布;根据 2016 年 4 月 20 日交通运输部令第 55 号第一次修正)。

(13)《道路运输从业人员管理规定》(2006 年 11 月 23 日交通部令第 9 号发布;根据 2016 年 4 月 21 日交通运输部令第 52 号第一次修正;根据 2019 年 6 月 21 日交通运输部令第 18 号第二次修正)。

(14)《危险货物道路运输安全管理办法》(2019年11月10日交通运输部令第29号公布)。

附录 C 安全生产政策文件

(1)《中共中央国务院关于推进安全生产领域改革发展的意见》(2016年12月9日)。

(2)《国务院关于加强道路交通安全工作的意见》(国发〔2012〕30号)。

(3)《国务院办公厅关于加强安全生产监管执法的通知)》(国办发〔2015〕20号)。

(4)《财政部 安全监管总局关于印发〈企业安全生产费用提取和使用管理办法〉的通知》(财企〔2012〕16号)。

(5)《国务院安委会办公室关于全面加强企业全员安全生产责任制工作的通知》(安委办〔2017〕29号)。

(6)《交通运输部关于印发〈道路运输行业行车事故统计报表制度〉的通知》(交运发〔2015〕95号)。

(7)《交通运输部关于印发〈公路水路行业安全生产风险管理暂行办法〉〈公路水路行业安全生产隐患治理暂行办法〉的通知》(交安监发〔2017〕60号)。

(8)《公路水路行业安全生产风险辨识评估管控基本规范(试行)》(交办安监〔2018〕135号)。

(9)《交通运输部 公安部 应急管理部关于印发〈道路旅客运输企业安全管理规范〉的通知》(交运发〔2018〕55号)。

(10)《交通运输部安全委员会关于加强交通运输领域安全生产重大风险防控的通知》(交安委〔2019〕5号)。

(11)《交通运输部关于印发〈汽车客运站安全生产规范〉的通知》(交运规〔2019〕13号)。

(12)《交通运输部关于印发〈道路运输企业主要负责人和安全生产管理人员安全考核管理办法〉〈道路运输企业主要负责人和安全生产管理人员安全考核大纲〉的通知》(交运规〔2019〕6号)。

(13)《道路运输驾驶员继续教育办法》(交运发〔2011〕106号)。

附录 D 安全生产标准规范

(1)《生产经营单位安全生产事故应急预案编制导则》(GB/T 29639—2013)。
(2)《企业安全生产标准化基本规范》(GB/T 33000—2016)。
(3)《机动车运行安全技术条件》(GB 7258—2017)。
(4)《客车灭火装备配置要求》(GB 34655—2017)。

(5)《危险货物品名表》(GB 12268—2012)。

(6)《危险货物分类和品名编号》(GB 6944—2012)。

(7)《道路运输液体危险货物罐式车辆 第1部分:金属常压罐体技术要求》(GB 18564.1—2019)。

(8)《道路运输危险货物车辆标志》(GB 13392—2005)。

(9)《道路运输爆炸品和剧毒化学品车辆安全技术条件》(GB 20300—2018)。

(10)《交通运输企业安全生产标准化建设基本规范 第1部分:总体要求》(JT/T 1180.1—2018)。

(11)《交通运输企业安全生产标准化建设基本规范 第2部分:道路旅客运输企业》(JT/T 1180.2—2018)。

(12)《交通运输企业安全生产标准化建设基本规范 第7部分:汽车客运站》(JT/T 1180.7—2018)。

(13)《道路运输车辆技术等级划分和评定要求》(JT/T 198—2016)。

(14)《营运客车类型划分及等级评定》(JT/T 325—2018)。

(15)《营运客车安全技术条件》(JT/T 1094—2016)。

(16)《危险货物道路运输营运车辆安全技术条件》(JT/T 1285—2020)。

(17)《道路客货运输驾驶员行车操作规范》(JT/T 1134—2017)。

(18)《客运班车行李舱载货运输规范》(JT/T 1135—2017)。

(19)《危险货物道路运输规则第1~7部分》(JT/T 617.1~7—2018)。

(20)《公路水路行业企业生产安全隐患排查治理体系细则》(山东省地方标准 DB 37/T 3139—2018)。